_____ 학교 ____ 학년____반 _____ 의 책이에요.

'체험학습'이란 책에서나 수업 시간에 배운 지식을 실제 현장에서 직접 경험해 보는 공부 방법이에요. 단순히 전시된 물건을 관람하거나 공연을 보는 것이 아니라 학습을 하기 전에 미리 필요한 정보를 조사하는 것까지를 포함한 모든 활동을 의미해요. 어떻게 공부할 것인지를 준비하면 그렇지 않은 경우보다 훨씬 더 많은 것을 보고 느끼게 되겠지요. 이 책은 체험학습을 하려는 어린이들에게 좋은 길잡이 역할을 할 거예요.

① 가기 전에 읽어 보세요

이 책은 체험학습 현장을 어린이들이 쉽게 이해할 수 있도록 풀이한 안내서예요. 어린이들이 직접 체험학습 현장을 찾아가는 데 필요한 정보가 들어 있어요. 체험학습 현장을 가기 전에 꼼꼼히 읽어 보세요.

② 현장에서 비교해 보세요

이 책은 우리나라 신문의 역사와 세계 여러 나라의 신문을 볼 수 있는 신문박물관을 소개해요. 신문 제작 과정을 알고, 신문 만드는 체험도 할 수 있지요. 이 책을 들고 신문박물관에 가서 비교해 보세요. 신문에 대해 더욱더 쉽게 이해할 수 있을 거예요.

❸ 스스로 활동해 보세요

이 시리즈는 단지 지식을 전달하기 위한 교양서가 아니에요. 어린이 여러분이 교과서로 수업 시간에 배운 내용을 실제 현장에서 직접 체험하며 익힐 수 있도록 다양한 활동 내용을 담았지요. 책 중간이나 뒷부분에 이해를 돕기 위한 활동이 있으니 꼭 스스로 정리해 보세요.

❹ 견학 후 활동이 다양해요

체험학습 후에는 반드시 견학 후 여러 가지 활동을 해 보세요. 보고서 쓰기, 신문 만들기, 그림 그리기 등을 통해 체험학습에서 보고 들은 내용을 다시 한번 정리하면 알찬 체험학습이 될 거예요.

신나는 교과 체험학습 28

신문으로 세상을 읽어요 신문박물관

초판 1쇄 발행 | 2008. 11. 5.
개정 3판 5쇄 발행 | 2023. 11. 10.

글 신문박물관 | **그림** 백철호 정수진

발행처 김영사 | **발행인** 고세규
등록번호 제 406-2003-036호 | **등록일자** 1979. 5. 17.
주소 경기도 파주시 문발로 197(우10881)
전화 마케팅부 031-955-3100 | 편집부 031-955-3113~20 | 팩스 031-955-3111

값은 표지에 있습니다.
ISBN 978-89-349-9642-2 64000
ISBN 978-89-349-8306-4 (세트)

좋은 독자가 좋은 책을 만듭니다. 김영사는 독자 여러분의 의견에 항상 귀 기울이고 있습니다.
전자우편 book@gimmyoung.com | 홈페이지 www.gimmyoungjr.com

어린이제품 안전특별법에 의한 표시사항
제품명 도서 제조년월일 2023년 11월 10일 제조사명 김영사 주소 10881 경기도 파주시 문발로 197
전화번호 031-955-3100 제조국명 대한민국 ⚠주의 책 모서리에 찍히거나 책장에 베이지 않게 조심하세요.

신문으로 세상을 읽어요

신문박물관

글 신문박물관 그림 백철호 정수진

주니어김영사

차례

신문박물관에 가기 전에

미리 준비하세요

《신문박물관》 책, 필기도구, 사진기, 지하철 노선도, 교통비

미리 알아 두세요

관람일   화~일요일

휴관일	봄 정기 휴관	가을 정기 휴관
매주 월요일 1월 1일 설날, 추석 연휴	3월 첫째 주 화~일요일	9월 첫째 주 화~일요일

관람 시간   오전 10시~오후 6시 30분
관람 요금

초 · 중 · 고 · 대학생(단체)	일반(단체)	7세 이하/만 65세 이상
3,000원(2,500원)	4,000원(3,000원)	무료

※ 단체 관람은 20인 이상부터 가능하고, 방문 3일 전에 사전 예약해야 합니다.

문의   (02) 2020-1880
주소   서울특별시 종로구 세종대로 152 일민미술관 5, 6층
홈페이지   http://presseum.or.kr

가는 방법

지하철   5호선 광화문역 5번 출구로 나와 1분 정도 걸어요.
           1호선 종각역 6번 출구로 나와 10분 정도 걸어요.
           1 · 2호선 시청역 4번 출구로 나와 5분 정도 걸어요.
버스   광화문, 교보문고, 세종문화회관에서 내려요.

신문박물관은요······.

세상에는 매일 수많은 일이 일어나고 있어요. 그 가운데 우리가 꼭 알아야 하거나 관심 있어 하는 일들을 모아 전해 주는 매체*가 있지요. 바로 신문이에요.

신문박물관은 이러한 신문을 다양하게 체험할 수 있는 곳이에요. 신문이 어떻게 변화해 왔는지, 신문이 어떻게 만들어지는지, 신문은 어떤 내용들로 이루어져 있는지 등 신문에 대한 궁금증을 풀어 준답니다.

신문박물관에서는 우리나라의 신문뿐 아니라 세계 여러 나라의 신문을 만날 수 있고, 신문에 대한 다채로운 체험도 할 수 있다니 정말 재미있겠지요?

자 그럼, 새롭고 유익한 소식을 전해 주는 신문을 만나러 가 볼까요?

모두 출발!

*매체 : 신문, 잡지, 텔레비전처럼 많은 사람에게 정보와 의견을 전달하는 수단을 말해요.

한눈에 보는 신문박물관

신문박물관은 세계의 신문, 신문의 역사, 신문과 사회, 신문과 제작, 신문과 문화, 영상실, 동아의 역사, 미디어 라운지 등의 공간으로 이루어져 있어요. 먼저 5층 전시실에서 시대와 사회의 문화를 고스란히 담고 있는 신문의 역사를 살펴보아요.

그런 다음 6층으로 올라가 미디어 라운지에서 직접 신문을 만들어 보고, 퀴즈도 풀어 보세요.

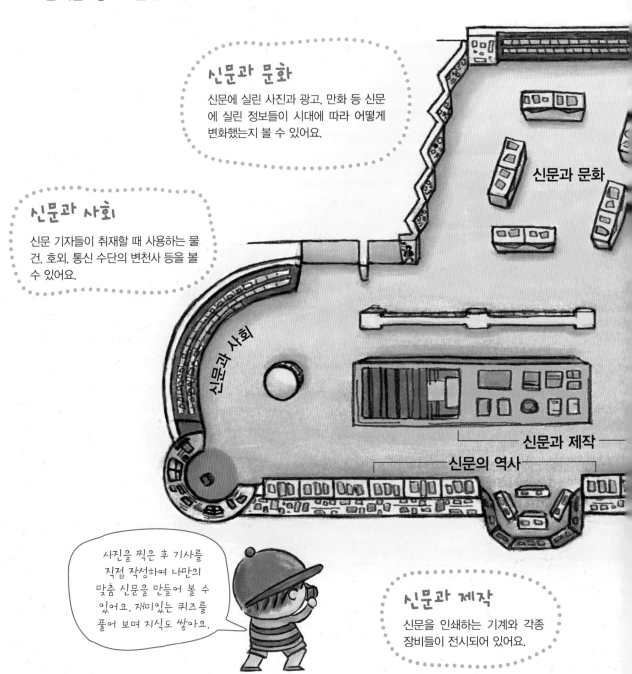

신문과 문화

신문에 실린 사진과 광고, 만화 등 신문에 실린 정보들이 시대에 따라 어떻게 변화했는지 볼 수 있어요.

신문과 문화

신문과 사회

신문 기자들이 취재할 때 사용하는 물건, 호외, 통신 수단의 변천사 등을 볼 수 있어요.

신문과 사회

신문과 제작

신문의 역사

사진을 찍은 후 기사를 직접 작성하여 나만의 맞춤 신문을 만들어 볼 수 있어요. 재미있는 퀴즈를 풀어 보며 지식도 쌓아요.

신문과 제작

신문을 인쇄하는 기계와 각종 장비들이 전시되어 있어요.

6층 미디어 라운지

이곳에서는 직접 신문을 만들어 볼 수 있어요. 사진을 찍은 후 기사를 직접 작성하여 나만의 맞춤 신문을 만들어 볼 수 있어요. 재미있는 퀴즈를 풀어 보며 지식도 쌓아 보세요.

동아의 역사

동아일보와 동아방송의 변천사를 알아 볼 수 있어요.

미디어 영상관

'기자의 하루' 등의 영상물을 상영하는 곳이에요.

동아의 역사

영상실

현관

세계의 신문

사진을 찍을 때는 유물을 보호해야 하니 플래쉬를 꺼 주세요.

세계의 신문

2000년 1월 1일에 발행된 세계 각 나라의 신문들을 5개 대륙으로 나누어 전시하고 있어요.

신문의 역사

우리나라 신문의 역사를 볼 수 있어요. 최초의 신문 등 다양한 정보가 있어요.

블루 스크린 앞에서 사진을 찍어 나만의 신문을 완성해 보세요.

세계의 신문

세계의 신문이 한자리에!

신문박물관에 들어서면 가장 먼저 둥근 전시관이 보여요.

우아! 사방 벽이 온통 신문으로 가득 차 있네요! 바로 세계의 신문들을 한자리에 모아 놓은 〈세계의 신문〉 코너예요. 세계 66개 국가에서 발행한 100여 종의 신문을 전시해 놓았어요.

그런데 신문을 보니 공통점이 하나 있어요. 신문을 발행한 날짜가 모두 2000년 1월 1일이라는 거예요. 2000년 1월 1일은 단순히 한 해의 시작이라는 의미를 넘어 새로운 천 년의 시작이라는 큰 의미를 담고 있어요.

그래서 세계 여러 나라 신문이 그 의미를 강조하려고 저마다 화려하고 색다르게 신문 1면을 장식했지요. 신문박물관에서는 이렇게 신문들을 모아 전시함으로써 신문을 통해 세계 여러 나라의 다양한 문화를 체험할 수 있게 했답니다. 그러면 이제부터 세계의 신문들을 만나 보아요.

아메리카

자, 왼쪽부터 볼까요? 아메리카 대륙의 신문들이 전시되어 있지요. 먼저 미국의 대표적인 신문인 〈뉴욕 타임즈〉가 보이네요. 그 옆으로 남아메리카 지역의 신문들이 있어요. 신문에 쓰인 문자가 비슷하지요? 남아메리카 지역의 많은 나라는 오랫동안 스페인의 지배를 받아서 스페인어를 사용해요. 브라질은 포르투갈의 지배를 받아 포르투갈어를 씁니다.

미국의 소식은 전 세계에 많은 영향을 미치기 때문에 미국의 신문은 세계 여러 나라에서 관심 있게 본단다.

미국 〈뉴욕 타임즈〉

콜롬비아 〈엘띠엠포〉

페루 〈엘꼬메르시오〉

멕시코 〈엑셀시오르〉

브라질 〈오글로보〉

아프리카

　이번에는 아프리카 대륙이에요. 아프리카 대륙은 53개 나라로 이루어져 있어요. 아프리카의 나라들은 대부분 오랫동안 영국, 프랑스 등 유럽 나라들의 지배를 받아서 신문도 영어나 프랑스어로 발행한 것들이 눈에 띄어요.

　아프리카의 많은 나라는 독재 정권 아래에 있어요. 그래서 언론도 정부의 간섭과 통제를 많이 받지요. 하지만 유럽의 선진국인 영국이나 프랑스 등의 영향을 오랫동안 받아서 신문 제작 수준은 아주 높아요.

케냐 〈데일리 네이션〉

남아프리카공화국 〈선데이 타임즈〉

나이지리아 〈더가디언〉

아프리카에서는 영어와 프랑스어, 아랍어 등을 공식 언어로 사용하면서 동시에 스와힐리어, 아프리칸스어와 같은 통용어를 쓰기도 해.

유럽은 신문의 역사가 매우 오래되었어요. 1450년경에 독일의 구텐베르크*가 발명한 활판 인쇄술이 널리 보급되면서 오늘날과 같은 신문의 형태가 나타나기 시작했지요.

유럽에서는 긴 역사만큼이나 다양한 신문이 발행되고 있답니다. 프랑스의 〈르몽드〉와 영국의 〈더타임즈〉, 〈파이낸셜 타임즈〉, 러시아의 〈이즈베스티야〉 등이 대표적이에요.

앗. 그런데 한글로 발간한 신문이 눈에 띄네요! 카자흐스탄의 〈고려일보〉예요. 카자흐스탄을 비롯한 중앙아시아 지역에 살고 있는 고려인들을 위한 신문이지요.

*구텐베르크 : 1450년경 독일에서 금속 활판 인쇄술을 발명한 사람이에요. 이 기술로 한꺼번에 많은 양의 인쇄물을 만들 수 있었지요.

스페인 〈엘파이스〉

벨기에 〈르수아르〉

프랑스 〈르몽드〉

이탈리아 〈라 레푸블리카〉

영국 〈더타임즈〉

고려인들은 일제 강점기에 강제로 끌려가거나 일본인들을 피해 건너간 우리 동포야. 고려일보에는 나라 없는 설움을 간직한 동포들의 이야기가 실려 있단다.

카자흐스탄 〈고려일보〉

러시아 〈이즈베스티야〉

핀란드 〈헬싱인 사노마트〉

덴마크 〈윌란 포스텐〉

체코 〈쁘라보〉

이것이 세계 최초의 신문!

세계 최초의 일간 신문은 1650년 라이프 치히에서 발행한 〈아인콤멘데 차이퉁〉으로 알려져 있어요. 세계 최초의 주간 신문은 독일에서 발행한 〈아비소〉와 〈렐라치오〉이지요.

일간 신문은 매일, 주간 신문은 매주 정기적으로 발행하는 신문이에요. 이렇게 정기적으로 발행하기 전에는 새로운 소식이 있으면 같은 내용을 여러 장 직접 써서 미리 약속한 사람들에게만 우편으로 보내 주었어요. 이것을 '서한신문'이라고 해요.

〈렐라치오〉를 판매하는 소년을 그린 그림이에요.

아시아는 신문의 역사가 유럽만큼 오래되지는 않았어요. 하지만 나라마다 다양한 언어와 문화를 엿볼 수 있지요. 세계에서 발행 부수가 가장 많은 것으로 알려진 일본의 〈요미우리〉와 중국 공산당 기관지*이자 중국에서 가장 영향력 있는 〈인민일보〉 등이 눈여겨볼 만해요.

*기관지 : 정부 기관이나 단체에서 발행하는 신문이나 잡지예요.

중국 〈런민리바오(인민일보)〉

일본 〈마이니치〉

한국 〈동아일보〉

한국 〈중앙일보〉

베트남 〈년전(난단)〉

인도 〈더타임즈 오브 인디아〉

네팔 〈더카트만두 포스트〉

오세아니아

오세아니아 지역 가운데 호주는 특히 신문 제작 수준이 높고 다양한 종류의 신문을 발행하고 있어요. 하지만 언론인 가운데 백인이 많아 원주민과 백인 사이에 문제가 생기면 신문이 편파* 보도를 한다는 비판을 받기도 하지요.

*편파 : 공정하지 못하고 어느 한쪽으로 치우쳐 있음을 뜻해요.

여러 나라의 신문을 비교해 보면 재미있어요.

오스트레일리아
〈위크엔드 오스트레일리안〉

나를 찾아보세요!

수많은 사람을 그린 그림으로 신문의 1면을 꾸민 그림이에요.
독특하지요? 전시장을 잘 둘러보고 어느 나라 신문인지 찾아서 적어 보세요.

(   )

정답은 56쪽에

여기서 **잠깐!**

어느 나라의 신문일까요?
신문의 글자를 잘 보고, 어느 나라의 신문인지 적어 보세요.

1. (   )   2. (   )   3. (   )   4. (   )   5. (   )

정답은 56쪽에

신문의 역사

신문의 어제와 오늘

세계의 신문 코너는 잘 둘러보았지요? 이제 신문 역사관이에요.

우리나라 신문의 역사를 시대별로 볼 수 있는 곳이지요. 1883년 우리나라 최초의

신문인 〈한성순보〉를 시작으로 오늘날에 이르기까지 신문의 변화를 살펴볼 수 있

어요.

카메라, 수첩 등 신문 기자들의 소지품도 눈에 띄어요. 기자가 쓴 기사를 보내고

받던 방법은 어떻게 발전해 왔는지, 신문에 실린 만화와 소설, 광고 등은 어떻게

변해 왔는지 신문의 어제와 오늘을 들여다볼 수 있는 전시물들이 가득하답니다.

그럼, 우리나라 신문의 역사부터 차근차근 살펴볼까요?

우리나라 신문의 역사

자, 먼저 〈신문의 역사〉 코너예요. 애국 계몽기부터 현재까지 여섯 시기로 나눠 놓았답니다. 그러면 애국 계몽기부터 살펴볼까요?

애국 계몽기(1883~1910년)

먼저 우리나라 최초의 신문이 보이죠? 바로 〈한성순보〉예요. 〈한성순보〉는 박영효의 건의로 1883년 통리아문 박문국에서 만들기 시작했어요. 열흘에 한 번씩 발행했는데, 주로 서양 문물과 역사, 과학 기술을 소개하는 기사를 많이 실었어요. 나라가 강해지려면 미국과 영국 같은 강대국들의 문물과 기술을 배워야 한다는 생각에서였지요.

1896년 4월 7일에는 우리나라 최초의 한글 신문인 〈독립신문〉이 발행되었어요. 〈독립신문〉은 독립협회의 서재필 박사가 앞장서서 만든 신문이에요. 그 뒤 최초의 일간지인 〈미일신문〉을 비롯하여 '시일야방성대곡'으로 유명한 〈황성신문〉, 〈제국신문〉, 〈대한매일신보〉 등 여러 신문이 잇달아 발행되었어요.

〈한성순보〉는 한자로 발행하던 신문으로 20여 면 정도로 이루어져 있는데, 이 중 5면 정도만 국내 소식이고, 15면 정도는 세계 소식이었어요.

최초의 일간지인 〈미일신문〉(뒤)과 최초의 한글 신문인 〈독립신문〉(앞)이에요. 〈독립신문〉은 처음에는 일주일에 세 번(화, 목, 토) 발행되었는데, 총 4면 중 1면은 영문으로 실었어요.

나를 찾아보세요!

〈한성순보〉 옆에 전시되어 있는 세계 전도예요. 한성순보 창간호에 실렸던 이 세계 전도에서 우리나라를 찾아 ○표 하세요.

↪ 정답은 56쪽에

〈세계 전도〉

시일야방성대곡

'시일야방성대곡'은 1905년 11월 12일 장지연이 〈황성신문〉에 쓴 논설*의 제목으로, '이 날, 목놓아 우노라.'라는 뜻이에요. 논설에는 우리나라를 빼앗은 일본의 이토 히로부미를 비난하고 조약이 무효라는 내용이 담겨 있지요.
이 논설을 발표한 뒤 장지연은 감옥에 갇히고 황성신문은 정간*을 당했어요.

*논설 : 어떤 일에 대해서 자신의 주장을 적은 글이에요.
*정간 : 나라의 명령으로 신문이나 잡지의 발행을 잠깐 중지하는 것을 말해요.

일제 강점기(1910~1945년)

1910년 일본은 우리나라를 강제로 빼앗았어요. 그와 동시에 발행되던 모든 신문을 폐간하고, 조선 총독부에서 내는, 한글과 한자를 같이 쓴 〈매일신보〉와 일본어로 된 〈경성일보〉만 남겼지요.

그러던 중에 1919년 3·1운동이 일어나자 일본은 식민지 정책을 바꾸었어요. 엄격하게 통치하면 저항이 더 심하다는 것을 알고, 겉으로는 부드럽게 다스리는 것처럼 보이도록 '문화 정치'를 시작한 것이지요. 그래서 1920년에 〈동아일보〉, 〈조선일보〉, 〈시사신문〉 등 3개 신문의 창간을 허가했어요.

하지만 당시에는 조선 총독부가 일일이 간섭하여 언론이 제 목소리를 내기 어려웠어요. 조선 총독부는 신문이 나오기 전에 기사를 미리 검사하여 조금이라도 일본에 반대하는 내용이 담겨 있으면 싣지 못하게 했어요. 마음에 들지 않으면 해당 신문의 판매를 금지시키는 것은 물론, 정간 명령을 내리는 일도 서슴지 않았지요. 그 대표적인 사건이 바로 '일장기 말소 사건'이에요.

〈동아일보〉, 〈조선일보〉 등 신문사들은 '브나로드 운동'의 하나로 국민에게 한글을 가르치는 운동을 펼치기도 했어요. 우리말과 글을 알아야 빼앗긴 나라를 되찾을 힘을 키울 수 있다고 여겼던 것이지요.

일장기 말소 사건

1936년 8월 10일 제11회 베를린 올림픽의 마라톤 경기에서 손기정 선수가 우승을 했어요. 하지만 일제 강점기여서 일본 국기를 가슴에 달고 뛰어야 했지요. 그런 손기정 선수의 울분이 전해지자 〈동아일보〉는 손기정 선수의 가슴에 있는 일장기를 지운 사진을 신문에 실었어요. 이것이 일장기 말소 사건이에요. 조선 총독부는 이 사건에 대한 죄를 물어 〈동아일보〉를 정간시키고 기자들을 감옥에 가두는 등 탄압했어요.

〈동아일보〉에 실린 손기정 선수의 사진

📝 **폐간**
신문 발행을 폐지하는 것이에요.

📝 **창간**
정기적으로 발행하는 신문이나 잡지 등의 첫 번째 호를 내는 것이에요.

📝 **브나로드 운동**
러시아에서 벌인 계몽 운동이에요. 브나로드란 러시아 말로 '민중 속으로'라는 뜻이에요.

한글 교본
한글을 가르치기 위해 만든 교재들이에요.

이 때는 한글을 모르는 사람이 많았어. 그래서 신문을 읽을 수 없었지.

좌우 대립기(1945~1948년)

좌익
사회주의, 공산주의 경향이나 그런 성격의 단체를 뜻해요.

우익
보수적인 경향이나 그런 성격의 단체를 뜻해요.

신탁 통치
전쟁 후에 혼란이 일어날 수 있는 지역을 일정 기간 동안 유엔(UN)의 감독 아래 다른 나라가 다스리는 것을 말해요.

1945년 우리나라가 해방을 맞자 좌익과 우익의 여러 정당과 사회 단체들이 앞다투어 신문을 발행했어요.

1945년 12월에는 모스크바에서 미국·영국·소련 세 나라가 회의를 열어 미국이 우리나라를 신탁 통치한다는 협정을 맺었어요. 신문들은 이 협정을 두고 우익은 찬성, 좌익은 반대 의견으로 나뉘어 서로 심하게 부딪쳤지요.

우리나라를 통치하게 된 미국은 군사 정치를 시작했어요. 미군정은 처음에는 언론의 자유를 보장하겠다고 했지만, 1946년부터는 사회의 안녕과 질서를 유지한다는 이유로 언론을 엄격하게 통제했어요. 그러면서 좌익 단체에서 발행하는 신문들을 차례로 정간시키거나 폐간시키고, 우익 단체의 신문들만 남겼지요.

해방과 함께 발행된 많은 신문의 제호
〈해방일보〉, 〈노력인민〉, 〈전선〉, 〈조선인민보〉 등 좌익 계열 신문이 창간되고, 〈매일신보〉에서 제호가 바뀐 〈서울신문〉이 등장했어요. 또한 우익을 대표하는 〈동아일보〉와 〈조선일보〉가 복간되는 등 이 시기에 수백여 종의 신문이 발행되었지요.

우아! 이렇게 많은 신문이 발행되었구나!

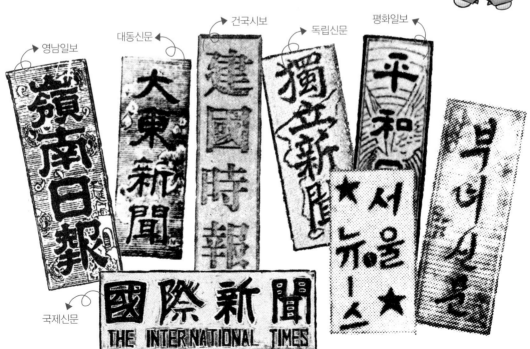

한국 전쟁 전후 시기(1948~1961년)

1948년, 이승만을 대통령으로 하는 남한 정부가 세워졌어요. 이승만 정부도 미군정과 마찬가지로 언론을 엄격하게 통제했지요. 그러던 중 1950년 6월 25일에 한국 전쟁이 일어났어요. 며칠 뒤인 6월 28일 북한군이 잠시 서울을 점령하자 남아 있던 우익 단체 신문사들도 신문 발행을 중단하고 피난을 갔어요. 신문사들은 인쇄 시설이 파괴되어 어려움을 겪었지만, 피난지에서도 어렵게 신문을 발행했지요.

전쟁이 끝난 뒤 이승만 대통령이 계속해서 독재 정치를 하자, 신문은 이승만 정부를 지지하는 〈서울신문〉, 〈자유신문〉, 〈연합신문〉 등의 여당지와, 정부를 비판하는 〈동아일보〉, 〈경향신문〉, 〈조선일보〉 등의 야당지로 나뉘었어요. 그러던 중에 정부가 1959년 4월 30일 뚜렷한 이유 없이 야당지인 〈경향신문〉을 폐간시켰어요. 하지만 법원으로부터 부당하다는 판결을 받자 무기 정간 조치로 바꾸었지요.

1960년에는 4 · 19 혁명으로 이승만 정부가 무너지고 새로 장면 정부가 들어섰어요. 장면 정부는 언론의 자유를 보장하겠다고 약속했어요. 그러자 불과 5개월 만에 일간 신문은 41종에서 389종으로, 주간 신문은 136종에서 476종으로, 월간 신문은 400종에서 470종으로, 통신사는 14개 사에서 274개 사로 폭발적으로 늘어났지요.

나를 찾아보세요!

해방이 된 뒤에 창간된 여러 신문 가운데 하나예요. 1945년 10월 5일에 창간되었지요. 이 신문의 이름은 무엇인지 찾아서 적어 보세요.

(   )

↳ 정답은 56쪽에

만화가 필화 사건

〈동아일보〉에 연재되던 만화 '고바우 영감'은 이승만 대통령이 살던 경무대(지금의 청와대)의 청소부를 빗대어 권력 기관의 위세를 풍자했어요. 이 만화로 작가 김성환은 경범죄 처벌법 위반으로 450환*을 벌금으로 내야 했지요.

*환 : 옛날 화폐를 세는 단위예요.

4 · 19 혁명

이승만 정권이 계속 정권을 잡기 위해 부정한 방법으로 선거를 하자 분노한 시민들이 맞서 싸운 것이에요. 이를 계기로 이승만 정권이 물러나게 되지요.

독재를 유지하기 위해 언론을 탄압했던 시기야.

경제 개발 시기(1961~1987년)

박정희가 군대의 힘으로 5·16 군사 정변을 일으켜 대통령이 되었어요. 이렇게 힘을 얻은 박정희 정권은 '신문통신사 시설기준령'을 발표하여 4·19 혁명 뒤 많이 생겨난 신문을 일부 폐간하고, 정부에 비판적인 언론인을 구속했지요. 하지만 그런 만큼 언론의 저항도 컸어요. 1971년 4월 15일에는 〈동아일보〉 기자들이 언론의 자유를 지키겠다는 선언을 했지요. 이것이 '제1차 언론 자유 수호 운동'이에요. 그러자 박정희 정권은 기업들로 하여금 〈동아일보〉에 광고를 싣지 못하게 했어요. 그래서 〈동아일보〉는 한동안 광고가 없는 신문을 내야했지요. 하지만 많은 시민이 신문에 격려 광고를 싣거나 성금을 내, 신문사에 필요한 수익을 얻을 수 있었어요.

📝 **유신헌법**
대통령에게 권한을 많이 부여하고 대통령의 임기에 제한을 두지 않는 것을 주요 내용으로 하는 헌법이에요. 박정희 대통령이 1972년 10월 17일에 선포하여 '10월 유신'이라고도 해요.

그 뒤 박정희 정권은 1972년 10월 17일에 비상계엄령을 선포하고 독재를 하려고 '유신헌법'을 제정했어요. 언론을 규제하는 법규도 강화하여 언론을 장악하려고 했지요. 〈동아일보〉 기자들은 그에 맞서 '제2차 언론 자유 수호 운동'을 벌였답니다.

1979년 박정희 대통령이 죽고 난 뒤, 전두환, 노태우에 이르는 군사 정권 때에도 신문은 자유롭게 제 목소리를 낼 수 없었어요. 전두환 정권 때에는 언론이 너무 많아 오히려 사회에 혼란을 일으킨다는 이유로 '언론 통폐합'을 했어요. 그 결과 신문은 중앙 일간지 7개와 전국 각 도에 신문사 1개씩만 남게 되었지요.

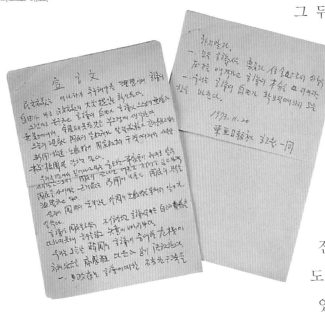

언론 자유 수호 선언문
1973년 11월 20일 동아일보 기자들이 모여 만든 제2차 언론 자유 수호 선언문이에요. 언론의 자유는 언론인 스스로 지켜야 한다는 내용을 담고 있지요.

📝 **언론 통폐합**
1980년 11월 14일에 전두환 정권이 단행한 조치예요. 방송과 신문 등 언론 매체를 강제로 합치거나 없었지요.

1987년~현재

1987년에 민주화 운동이 일어나자 언론은 부흥기를 맞았어요. 중앙 일간지와 지방 신문들이 앞다퉈 창간되거나 복간되고 전문지가 등장했지요.

이 시기에는 신문의 모습도 많이 달라졌어요. 한글만으로 기사를 쓴 한글 전용 신문과, 가로쓰기 신문, 주제별로 신문을 묶은 섹션 신문, 인터넷 신문 등으로 변화했지요. 독자가 기사를 평가하는 '기사 모니터링'을 실시하여 독자들의 참여를 이끄는 것은 물론, 1987년부터는 취재 기자의 이름을 밝히는 '기사 실명제'를 실시하여 언론의 신뢰도를 높이고 있어요. 또 신문 제작 기술이 크게 발전해 납 활자가 사라지고 컴퓨터를 사용함으로써 제작 시간도 줄었답니다.

다양한 지면의 신문들

복간
간행을 중지하거나 폐지했던 정기 간행물을 다시 내는 거예요.

전문지
특정 계층이나 직업을 대변하는 신문이에요.

가로쓰기
글을 가로 방향으로 읽도록 글자를 배열하는 것을 말해요.

납 활자
신문을 인쇄할 때 쓰는 납으로 만든 글꼴이에요.

여기서 **잠깐!**

격려 광고 글을 써 보아요

정부가 동아일보에 광고를 싣지 못하게 하여 광고가 없는 지면이 나가자 많은 시민이 기자들에게 격려의 말을 보냈어요. 아래 사진은 그것을 광고 지면에 실은 것이에요. 여러분도 언론의 자유를 지키고자 노력하는 기자들에게 격려의 말을 적어 보세요.

신문 1면의 의미와 역사

〈신문 1면〉 전시 코너

신문의 역사 코너를 지나면 왼쪽에 신문의 1면이 벽면 가득 전시되어 있어요. 와, 기사의 제목과 사진이 정말 다양하지요? 어떤 신문은 제목이, 또 어떤 신문은 사진이 한 면의 반을 차지하는 것도 있어요.

신문사에서는 매일 쏟아져 들어오는 엄청난 양의 소식과 정보 중에서 중요한 내용들을 골라 신문에 실어요. 정치, 경제, 사회 등 각 지면의 성격에 따라 알맞은 내용들을 싣지요. 그런데 신문 1면은 독자들이 가장 먼저 보는 지면이기 때문에 분야에 상관없이 제일 큰 관심거리를 다룬답니다. 또한 다른 신문들보다 더 빨리 독자들의 눈에 띄도록 내용 구성에도 많은 정성을 들이지요. 제목이나 사진 등을 크게 배치하여 기사의 중요성을 강조하는 것도 그런 이유에서랍니다.

그러면 우리나라 신문들의 1면이 어떤 내용으로 이뤄져 있는지 살펴볼까요?

왼쪽의 신문 1면과 오른쪽의 신문 1면을 비교해 보세요. 제목과 사진의 크기가 많이 다르지요? 이처럼 중요한 기사일수록 더 크게 다루어야 독자들이 기사의 중요성을 한눈에 알 수 있답니다.

우리나라 최초의 근대 신문인 〈한성순보〉의 1면은 한자로 쓴 세로짜기* 형태이며, 주로 왕실에 관한 소식을 실었어요. 당시에는 왕실의 소식이 가장 중요했거든요. 최초의 한글 신문인 〈독립신문〉의 1면은 논설과 물가, 광고 등의 기사를 실었지요.

〈한성순보〉 1면　　〈독립신문〉 1면

〈동아일보〉와 〈조선일보〉가 등장한 1920년대부터는 그날의 중요한 소식과 정보들을 1면에 모아 싣기 시작했어요. 이러한 방법은 오늘날까지도 이어져 오고 있답니다. 최근에는 경제, 문화, 여가 생활 등 분야별로 신문 지면을 나누어 묶는 섹션 신문 형태가 많이 보여요. 이러한 구성에서도 1면은 매우 중요하게 여겨지고 있답니다.

*세로짜기 : 글을 세로 방향으로 읽도록 글자를 배열하는 방법이에요.

나를 찾아보세요!

'인간 달에 섰다'는 제목의 기사가 실린 신문 1면이에요. 암스트롱이 달 착륙에 성공한 기사를 가장 크게 실었어요. 제목과 사진이 정말 크지요? 그만큼 역사적으로 중요하기 때문이에요. 이 신문을 언제 발행했는지 찾아서 적어 보세요.

(　　년　　월　　일)

👉 정답은 56쪽에

섹션 신문의 1면
신문의 가짓수가 많아진 오늘날에는 섹션 신문의 형태로 분야를 전문화하여 더욱더 깊이 있는 정보를 제공하고 있어요.

신문은 사회를 보여 주는 거울

취재 기자 출입증
기자 수첩
카메라
보도 완장

취재 현장에서 필요한 물품들이에요. 기자 수첩은 현장에서 사실을 기록하기 위해 언제든지 지니고 다녀요. 보도 완장과 출입증은 공공 기관을 드나들 때 기자임을 알리려고 가지고 다니지요.

이제 〈신문과 사회〉 코너예요. 이곳은 신문 기자 전시 코너과 호외 전시 코너, 각종 통신 수단의 변천사를 볼 수 있는 전시 코너로 이루어져 있어요. 그러면 전시 코너들을 하나하나 둘러볼까요?

신문과 기자

먼저 신문 기자가 사용하는 물건들을 전시해 놓은 공간이에요. 기자는 뉴스를 찾아내고 그것을 세상에 널리 알리기 위해 사건 현장을 누비는 사람이랍니다. 우리가 나라 안

 취재 기자의 하루

빠르고 생생한 소식을 전하기 위해 발로 뛰는 취재 기자. 그들의 하루를 들여다보아요.
여기에서는 조간신문의 취재 기자를 따라가 보았어요.

오전 9시, 취재
사건 현장이나 기자 회견장으로 나가서 열띤 취재 경쟁을 벌여요.

오전 11시, 편집 회의
편집 회의를 통해 수많은 사건 기록 중에서 취재할 내용들을 골라요.

오후 6시, 기사 마감
그날 신문에 실을 기사의 마감 시간이에요. 작성한 기사는 편집부에 보내요.

밖의 많은 소식을 빠르고 생생하게 접할 수 있는 것도 이렇게 발로 뛰는 기자들이 있기 때문이지요.

기자는 사건 현장에 나가 기사를 찾아내거나 사진을 찍는 취재 기자와 사진 기자가 있어요. 또한 취재 기자들이 쓴 기사를 다듬고 제목을 붙이며, 기사의 중요도에 따라 지면에 배치하는 편집 기자와, 취재 기자들이 기사를 쓰는 데 필요한 자료를 찾아 주는 조사 기자, 사회적으로 중요한 일에 대해 신문사의 공식적인 의견을 밝혀 사설을 쓰는 논설위원이 있지요.

새로운 소식과 정보는 독자들에게 되도록 빨리 전달해야 돼요. 그래서 매일 마감 시간에 맞춰 기사를 완성하고 신문을 만들어 내야 하는 기자들의 하루는 무척 바쁘고 힘들답니다.

전쟁터를 누비는 종군 기자

위험한 전쟁터를 누비며 취재를 하고 소식을 전하는 기자를 '종군 기자'라고 해요.

세계 최초의 종군 기자는 〈런던 타임즈〉의 러셀인데 1853년에 일어난 크림 전쟁의 참상을 보도했어요. 간호사인 나이팅게일은 이 기사를 보고 전쟁터에 나갈 것을 결심했지요.

미국의 소설가 헤밍웨이도 종군 기자였어요. 헤밍웨이는 1919년 〈토론토 스타〉의 기자로 그리스·터키전을 취재했는데, 그때 본 것을 바탕으로 많은 소설을 썼어요. 영국의 수상이었던 처칠도 보어 전쟁에 종군 기자로 파견된 적이 있답니다.

📝 **마감 시간**

기자가 기사 작성을 마쳐야 하는 최종 시간을 가리키는 말이에요. '데드라인'이라고도 해요.

오후 7시, 기사 수정 및 지면 배치
편집된 교정지를 보며 내용이 정확한지, 빠뜨린 것은 없는지 살펴요.

오후 10시, 최종 확인
1차로 인쇄된 신문을 보며 내용을 고치거나 보충해요.

다음 날
신문의 최종판이 완성되어 전국 곳곳으로 발송돼요. 취재 기자들은 신문의 내용을 확인한 뒤 또다시 하루를 시작하지요.

〈호외〉 전시 코너

호외요, 호외!

다시 발걸음을 돌려 〈1면의 사회사〉 전시 코너로 가 보아요. 아래에 한 장짜리 신문들이 전시되어 있지요? 바로 '호외'예요. 갑자기 일어난 중요한 사건을 빠르게 알리기 위해 신문사에서 임시로 발행하는 신문이지요. 여기에서는 대한 제국 선포에서부터 남북 정상 회담에 이르기까지 우리나라 역사에서 매우 중요한 사건들을 볼 수 있어요.

호외는 빠른 전달이 생명이에요.

호외요, 호외!

KBS 이산가족찾기 명단(한국일보 1983년 9월 8일자)
전쟁 중에 잃어버린 가족을 찾기 위해 신청한 사람들의 이름이 적힌 호외예요.

김대중 전 대통령 사망(동아일보 2009년 8월 18일)
우리나라 제15대 대통령인 김대중 대통령의 사망 소식을 알리기 위해 만든 호외예요.

통신 수단의 변천사

신문을 만드는 데 있어 글과 사진을 주고받는 통신은 꼭 필요한 수단이에요.
비둘기에서부터 최첨단 컴퓨터에 이르기까지 통신 수단이 어떻게 변해 왔는지 살펴보아요.

전서구
비둘기의 등에 기사와 사진, 필름을 묶어 신문사로 날려 보냈어요.

모스 전신기
음 길이의 차이로 신호를 보내는 모스 부호로 기사를 보냈어요.

텔레타이프
기사 내용을 치면 전기 회로를 통해 받는 장치예요.

전서구에서 컴퓨터까지!

통신사의 역할

신문을 보면 기사 밑에 취재 기자의 이름이 아닌 'OO통신', 'OO뉴스'라고 적힌 것을 본 일이 있지요? 바로 통신사 이름이에요. 통신사는 신문사나 방송사와 계약을 맺고 뉴스를 제공하는 기관이에요. 한 신문사에서 전 세계의 모든 소식을 취재하기란 불가능해요. 취재 비용이 많이 들고, 기자의 수도 한정돼 있기 때문이지요. 그래서 신문사들은 이렇게 직접 취재할 수 없는 곳의 소식을 통신사로부터 제공받는답니다. 통신사가 신문사의 취재 업무를 덜어 주는 셈이지요.

요즘에는 먼 거리에서 기사와 사진을 주고받을 때에는 주로 통신 수단을 사용해요. 기사나 사진을 데이터 파일로 만들어서 전자우편, 웹하드 등으로 전송하지요. 하지만 이런 통신 수단이 나오기 전에는 각종 송수신 기계가 있었고 전에는 사람이 직접 소식을 전하거나 비둘기를 이용했어요.

나를 찾아보세요!

'박정희 대통령 피격 서거'라는 제목의 기사가 실린 〈조선일보〉 호외예요. 박정희 대통령이 총에 맞아 죽는 사건이 터지자 급히 사실을 알리기 위해 만들었지요. 언제 발행된 신문인지 찾아서 날짜를 적어 보세요.

朴正熙대통령 被擊逝去

(　　 년 　월 　일)

➡ 정답은 56쪽에

송수신 기계들은 전기가 등장하면서 음 길이의 장·단을 이용한 모스 전신기, 문자를 전달하는 텔레타이프, 사진 정보를 주고받는 사진 송수신기, 인공위성과 컴퓨터 등으로 발전해 왔지요.

사진 송수신기
필름을 보내지 않고도 사진 정보를 보내는 장치예요.

인공위성
20세기 후반에 인공위성을 통해 다른 나라와 무선으로 자료를 주고받았어요.

컴퓨터
1990년대 초반에 우리나라에 선보인 노트북 컴퓨터예요.

신문에 실리지 못한 기사

박정희 정권 시절 신문을 검열한 교정지예요. 붉은 펜으로 빼야 할 기사와 고칠 부분을 표시했지요.

신문에 나올 기사를 인쇄하기 전에 미리 보고 검사하는 것을 '검열'이라고 해요. 신문은 국민의 눈과 귀의 역할을 해 왔기 때문에 독재를 하거나 군사의 힘을 빌려 권력을 차지한 정권들은 이러한 신문 검열을 통해 국민의 눈과 귀를 막아 왔어요.

우리나라에서 검열이 시작된 것은 1904년 러일 전쟁 이후부터였어요. 이때부터 일본은 신문에 대해 간섭하기 시작했어요. 그러다가 1907년 신문지법을 제정하여 본격적으로 검열을 했지요. 일제 강점기에는 문제가 되는 기사를 삭제하거나, 발행된 신문을 빼앗는 '압수'의 형태로 검열을 했어요. 또한 얼마 동안 신문이 나오지 못하게 하는 '발행 정지(정간)', 아예 신문을 발행하지 못하게 하는 '발행 금지(폐

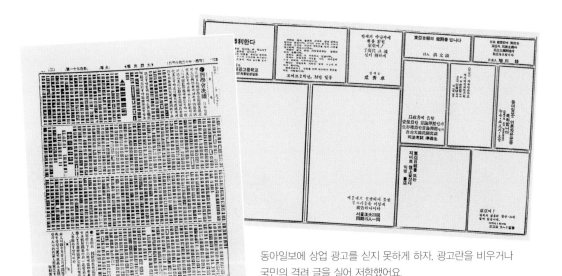

기사를 삭제한 부분이 마치 벽돌을 쌓아 놓은 것처럼 보여서 '벽돌 신문'이라는 이름이 붙었어요.

동아일보에 상업 광고를 싣지 못하게 하자, 광고란을 비우거나 국민의 격려 글을 실어 저항했어요.

간'도 있었지요.

해방 뒤에도 이러한 검열은 계속되었어요. 군사 정권 시절에는 공무원이 신문사에 마음대로 드나들며 감시했어요. 비위에 거슬리는 기사를 보도하면 정간이나 폐간을 시키는 것에서 더 나아가, 해당 기자는 물론 편집국장이나 사장까지 체포해서 감옥에 가두었지요. '프레스카드제'를 도입하여 취재 기자들에게 증명서를 주고, '부처 대변인제'를 실시하여 대변인*을 통해서 취재할 수 있게 했으며, '언론사의 출입처 제한'을 실시하여 기자들이 취재를 위해 갈 수 있는 곳을 제한하는 등 언론을 철저히 감시했어요.

언론 탄압은 수많은 언론인을 해고하거나 언론 통폐합을 하면서 극에 달했어요. 이에 수많은 기자가 언론 자유 수호 운동을 펼치며 목숨을 아끼지 않고 항거했지요. 또한 검열관이 그 의미를 쉽게 가리기 힘든 만화, 만평, 독자 투고, 문화면, 기획 특집면 등을 통해 은유*적으로 항거하거나, 지면을 백지로 발행하여 정면으로 반발하기도 했어요.

*대변인 : 어떤 단체를 대신하여 의견을 발표하는 일을 맡은 사람이에요.
*은유 : 사물의 상태와 움직임을 암시적으로 나타내는 것이에요.

신문에 담긴 문화

이제 〈신문과 문화〉 코너예요. 이곳에는 신문의 디자인과 광고, 사진, 소설과 삽화, 만화 등 그 시대 사람들의 문화를 엿볼 수 있는 것들이 전시되어 있어요. 자, 그러면 신문 디자인부터 살펴볼까요?

〈신문과 문화〉 전시 코너

나를 찾아보세요!

제호에 태극기를 제일 먼저 넣은 신문이에요. 나는 무슨 신문일까요? 수많은 제호 속에서 나를 찾아 적어 보세요.

(   )

정답은 56쪽에

시선을 사로잡는 신문 디자인의 세계

신문 지면은 글자와 그림, 사진 등이 조화롭게 배치되어 있어요. 또한 신문의 크기와 신문 제호의 모양, 기사의 글꼴, 글자의 배열 등도 독자들의 눈길을 끌 수 있도록 만들지요. 이것을 신문 디자인 또는 신문 편집이라고 해요.

취재 기자들이 아무리 열심히 취재해서 기사를 작성해도 읽기 좋게 정리되어 있지 않으면 독자들의 눈길을 사로잡지 못해요. 그래서 신문 디자인도 그 시대 독자들의 취향에 맞게, 또 효과적으로 기사를 전달할 수 있도록 발빠르게 변해 왔답니다.

세로짜기 신문(왼쪽)과 가로짜기 신문(오른쪽)이에요. 옛날에는 한자를 많이 써서 세로짜기가 많았지만, 지금은 한글 전용 신문이 많아 주로 가로짜기로 배열해요.

문화가 보여요! 신문 광고

신문에 실린 광고는 상품을 알리는 수단을 넘어 한 시대의 문화를 엿볼 수 있는 매체예요.

최초의 신문 광고는 글자로만 구성된 것이었어요. 그 뒤 그림을 넣어 전달 효과를 높인 광고가 나타났지요. 사진 기술이 들어오고 나서는 사진을 넣은 광고가 등장했어요.

개화기와 일제 강점기에는 금계랍(만병통치약), 라이온치마(치약), 아지노모도(감미료), 인단(은단), 별표 고무신 등 생활용품 광고가 많았어요. 하지만 오늘날에는 이러한 생활용품뿐 아니라 자동차나 정보통신에 이르기까지 상품의 종류가 무척 다양해졌어요. 그에 따라 광고의 범위도 매우 넓어졌답니다.

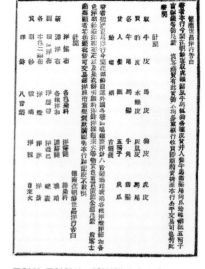

독일의 무역회사 세창양행에서 실은 최초의 광고예요. '아이나 노인이 온다 해도 속이지 않겠다.'는 내용이 담겨 있어요.

📝 **개화기**
1876년 강화도 조약을 맺은 뒤부터 서양 문물의 영향을 받아 근대 사회로 변해 간 시기예요.

키키!
지금의 광고와 비교하면 정말 촌스럽구나.

어린이 영양제인 구명환 광고예요. 일제 강점기의 군사 중심적인 분위기가 묻어나지요.

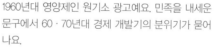

1960년대 영양제인 원기소 광고예요. 민족을 내세운 문구에서 60 · 70년대 경제 개발기의 분위기가 묻어나요.

➡️ 정답은 56쪽에

여기서
잠깐!

무슨 광고일까요?

오른쪽에 있는 광고에는 사람과 악마가 어깨동무를 하고 걸어가는 재미있는 그림이 실려 있어요. 이 광고는 무슨 상품을 알리는 것일까요? 알맞은 번호를 골라 빈칸에 적어 보세요. (   )

① 칫솔   ② 선글라스   ③ 치약   ④ 모자

도움말 광고 문구에 '虫齒(충치)는 夜賊(야적)과 가티(같이) 사람의 就寢(취침)한 틈을 타서 發動(발동)합니다.'라고 쓰여 있어요.

31

한 컷에 담긴 세상, 신문과 사진

한걸음 오른쪽으로 옮겨 보세요. 벽면 가득 흑백 사진이 걸려 있지요? 신문 기사와 함께 실렸던 보도 사진들이에요. 신문에 실린 사진은 기사와는 또 다른 생생한 현장감을 전해 줘요.

신문을 발행하기 시작한 초기에는 주로 기사 내용을 보충하는 용도로만 쓰였는데, 지금은 한 장의 사진만으로도 독자들에게 충분한 정보를 전달하지요. 그래서 여러 장의 사진 중에서 신문에 실릴 사진을 고르는 일은 매우 중요해요. 사진 한 장만으로도 사건을 정확하게 전달해야 하니까요.

순간을 잘 포착해야 멋진 사진을 남길 수 있어.

이 한 장의 사진

아래 사진들은 우리 역사의 생생한 기록을 담고 있어 매우 중요한 가치를 지녀요.
역사의 한 순간을 잘 포착한 사진들을 만나 보아요.

◀조화 한 송이(1960년)
4 · 19 혁명 때 죽은 친구의 책상에 조화를 바치며 한 소녀가 울고 있어요.

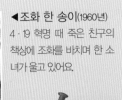

◀형제(1968년)
베트남 전쟁의 폭격 속에서 겁에 질린 두 형제가 불타는 마을을 바라보며 울고 있어요.

주마3호 작전(1965년)▶
베트남 전쟁에서 '주마3호' 작전을 수행중인 한 한국군이 폭격 속에서 어린아이들을 구출하고 있어요.

기적의 소녀(1972년)▶
서울 시민회관에서 발생한 화재에서 한 소녀가 창틀에 매달려 구조를 외치고 있어요.

우리나라에서 처음으로 사진을 실은 신문은 1901년 7월 18일자 〈그리스도 신문〉이에요. 그 뒤 일제 강점기 때부터 신문에 사진을 싣는 일이 많아졌어요.

〈그리스도 신문〉은 종교적인 목적으로 발행한 주간지예요.

여기서 잠깐!

사진의 제목을 상상해 보아요!

오른쪽 사진에 보이는 아이들은 왜 전화 부스 안에 앉아서 자고 있을까요? 그 이유를 상상하여 사진의 제목을 빈칸에 써 보세요.

_____

_____

다시 봐도 생생한 느낌이 전해져 오네!

최루탄을 쏘지 마라(1987년)▶
1980년대 민주화 시위 현장의 한 장면을 담았어요.

◀학우여(1987년)
시위 도중 최루탄에 맞아 피를 흘리는 이한열 군을 한 친구가 부축하고 있어요.

▼오마니(1988년)
분단 40여 년 만에 이루어진 남북 이산 가족 상봉에서 어머니와 아들이 서로 손을 꼭 잡고 있어요.

▲마라톤 금메달
(1992년)
제25회 바르셀로나 올림픽 남자 마라톤에서 황영조 선수가 금메달의 영광을 안았어요.

인기 만발! 신문의 연재 소설과 삽화

흥미로운 읽을거리로 독자들을 모으기 위해 신문사들은 오래 전부터 신문에 연재 소설을 실었어요. 이인직의 '혈의누', 이광수의 '무정', 정비석의 '자유부인', 최인호의 '별들의 고향' 등은 독자들의 사랑을 받았을 뿐 아니라 우리나라의 대표적인 근대 소설로도 평가 받고 있지요.

신문의 연재 소설에 함께 실은 삽화는 그날의 소설 내용을 함축적으로 표현하여 줄거리를 한눈에 알 수 있게 하고, 소설의 분위기를 돋우는 역할을 해요. 옛날에는 이러한 삽화 때문에 신문의 판매량이 늘기도 했답니다.

책이 많이 없었던 시절에는 연재 소설을 읽기 위해 신문이 오기를 손꼽아 기다리기도 했대.

대표적인 신문 연재 소설과 삽화

신문에 연재되어 오랫동안 독자들의 사랑을 받아온 소설들이에요.
연재가 끝난 뒤에도 그 시대의 가장 대표적인 소설로 손꼽혔지요.

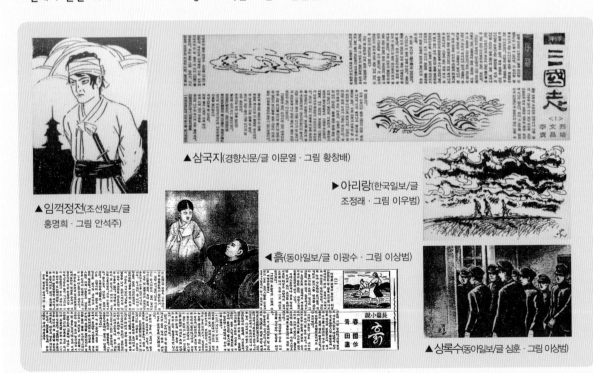

▲임꺽정전(조선일보/글 홍명희 · 그림 안석주)

▲삼국지(경향신문/글 이문열 · 그림 황창배)

▶아리랑(한국일보/글 조정래 · 그림 이우범)

◀흙(동아일보/글 이광수 · 그림 이상범)

▲상록수(동아일보/글 심훈 · 그림 이상범)

날카로운 풍자! 신문 만화

신문 만화는 주요 소식을 풀이해서 독자들이 알기 쉽게 설명해 주는 역할을 해요. 크게 캐리커처, 시사만평, 4단 만화로 나뉘지요.

캐리커처는 인물의 특징을 간략하게 표현하는 기법이에요. 사진을 대신해 정치인을 비롯한 유명인사의 모습을 재미있게 나타내지요.

시사만평은 한 컷으로 당시의 상황을 날카롭게 묘사한 그림이에요. 최초의 시사만평은 1909년 이도영이 〈대한민보〉에 그린 그림이랍니다.

4단 만화는 한 인물을 주인공으로 내세워 사회를 풍자하는 만화예요. 1955년 2월 1일 〈동아일보〉에 처음으로 실린 김성환의 '고바우영감'은 초기에는 익살스러운 코믹 만화였지만, 그 뒤 날카로운 정치 풍자 만화로 바뀌었지요.

'고바우영감'은 30년 넘게 독자들의 사랑을 받으며 우리나라 신문 만화의 대명사가 되었어요.

나를 찾아보세요!

누구의 캐리커처일까요? 일제 강점기에 독립운동가로 활약한 인물이에요. 10만 원권 화폐에도 그려질 예정이래요.

(   )

☞ 정답은 56쪽에

〈대한민보〉에 실린 이도영의 시사만평이에요. 줏대 없이 서양 사람들을 흉내 내며 양복을 입고 다니는 사람들을 원숭이에 비유했지요.

〈신문 만화〉 전시 코너

낱낱이 파헤쳐 보자! 신문 해부도

자, 이제 신문을 펼쳐 놓고 각 부분의 이름을 비롯해 신문의 요모 조모를 알아보아요. 돋보기를 들고 자세히 살펴보세요. 무심코 지나 친 작은 부분에도 신문의 비밀이 숨 겨져 있으니까요.

지령

맨 처음 발행된 신문을 1호로 해서 발행되는 날마다 호 수가 하나씩 늘어나요. 이 숫자를 '지령'이라고 해요. 이 신문은 25,799번째로 발행된 신문이네요.

판수

새로운 소식이 있으면 신문의 내용은 하루에도 몇 번씩 바뀌어요. '판수'라고 부르는 이 숫자는 신문의 내용이 몇 번 바뀌었는지를 말해 줘요.

기사량과 글자 수

하루치 신문에 실리는 기사는 220~230건이에요. 그 날 기사에 쓰이는 글자 수를 모두 합하면 무려 20만여 자에 달하지요.

광고

신문에는 새로운 소식과 정보만 실리는 게 아니에요. 상품을 소개하는 광고도 다양한 크기와 형태로 실린답니다.

통신사

아주 먼 나라에서 일어난 일은 우리나라에서 직접 취재하지 못하기도 해요. 그럴 때 도움 을 주는 곳이지요.

신문의 크기와 무게는 얼마나 될까? 신문지 한 면의 크기는 대략 가로 39센티미터×세로 55센티미터야. 한 면의 무게는 5그램 정도지.

제호

신문의 이름이에요. 신문의 성격에 맞게 디자인해요.

부도

PER

© 2012 신문박물관 PRESSEUM
서울시 종로구 세종로 139번지 일민미술관건물 5, 6층
Tel. 02-2020-1830 Fax. 02-2020-1839
www.presseum.or.kr

사진의 선수와 망점

신문사진 선수
가로 세로 1인치 사각형 안에 들어 있는 선의 수로, 사진의 선명도를 결정한다. 일반적으로 컬러 사진은 100선, 흑백사진은 85선을 사용한다.

사진망점
완성된 컬러사진 원고는 전송과 인쇄를 위해 노랑 빨강 파랑 검정 4색으로 분해되어, 색깔별 점들로 구성된 데이터로 바뀐다. 이 점들을 망점이라 하며 망점상태의 4색이 인쇄과정에서 잘 혼합되어야 좋은 색이 나온다.

컬러사진
검정 빨강 파랑 노랑의 4색으로 된 각 망점 이미지를 겹쳐서 인쇄한다.

인쇄순서
검정 → 파랑 → 빨강 → 노랑

- 컬러면
파랑C / 빨강M / 노랑Y / 검정K
고점도 잉크

- 흑백면
저점도 잉크

CTS 시대
그래픽디어가 컴퓨터상에서 슬고 부서의 기사 검색

필요한 내용을 데이터 상태로 받아 그래픽 처리

편집 단말기를 통해 직접 전송

인쇄

8 톱날무늬 자국

신문 양쪽 면을 펼쳐 2절지 크기의 종이에 인쇄해 반으로 접은 후, 톱날형 칼날로 신문 크기로 자르면서 생기는 자국이다.

바늘 자국
인쇄원 신문을 바늘로 눌러 자르고 접는 과정에서 자국이 생긴다.

9 신문에 쓰이는 글자

한자 90,687자
한글 277자
총 1만4077자
영어, 일본어와 외국인지와 숫자, 약물 등 2235자

동아일보의 문자서식
28가지

제목 글자
18급 중명조: 대
24급 중고딕: 문
27급 태고딕: 글
44급 견명조: 자

본문 글자 본문명조
장체율(가로:세로) 96%

간격 6mm
3.08mm
3.35mm
평균 1.27mm

신문
글자

변식
10.32mm²

10 하루치 신문의 광고

약 75건
(안내광고 제외, 평일 56면 기준)

광고료
1단1cm 컬러광고 광고료
1면 41만 원, 뒷면 19만 원
(동아일보 2008년 7월 기준)

광고단가 순서
부고광고, 긴급광고, 의견광고,
모집광고 > 일반광고 >
출판물광고, 제약광고

기사와 광고의 비율
광고 54.5% / 기사 45.5%

11 면 구분

신문 1면부터 맨 뒷면까지 색깔을 나누고 면수를 매긴다.

A색선: 종합
B색선: 경제
C색선: 교육, 헬스, 부동산, 금융, 자동차 등

단수 구분

단	가로쓰기		세로쓰기	
	신문자면 세로로 분할되어 높은 구조	신문자면향 가로로 분할되어 높은 구조		
한 면의 총 단수	7단		15단	
1단 너비 (단 높이)	인쇄된 신문지면 (가로 37cm)의 수 1/7 = 4.68cm	인쇄된 신문지면 (세로 51cm)의 수 1/15 = 3.44cm		
1단 1줄에 들어가는 글자수	14.15자		12자	

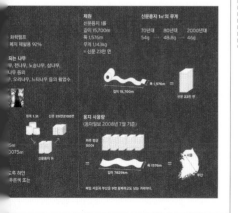

제원
신문용지 1롤
길이 15,700m
폭 1,576m
무게 1,143kg
= 신문 23만 면

화학펄프
폐지 재활용 92%

신문용지 1㎡의 무게

	70년대	80년대	2000년대
	54g	48.8g	46g

폭 1,576m

길이 15,700m
신문 23만 면

용지 사용량
(동아일보 2008년 7월 기준)

최소 평균
500t

길이 7029km → 서울 부산

바늘 자국

신문지 위쪽에는 항상 이렇게 작은 구멍이 나 있어요. 인쇄한 신문지를 크기에 맞게 자르려고 송곳으로 뚫은 자국이지요.

신문지 색깔

신문지는 눈이 피로하지 않도록 푸른빛이나 붉은빛이 조금 도는 종이를 사용해요.

사진

하루치 신문에 실리는 사진은 모두 90장 정도예요. 하지만 사진 기자들은 하루에 무려 1500장 이상의 사진을 찍는답니다. 그중에 가장 알맞은 사진을 골라 신문에 싣지요.

잉크

컬러 사진이나 그림, 글자를 인쇄하는 데 사용되는 잉크는 빨강, 파랑, 노랑, 검정 네 가지예요.

단수

신문에 글을 쓸 때는 읽기 쉽게 몇 개의 칸에 나누어서 써요. 이렇게 나눈 칸을 '단'이라고 해요. 한 문장의 길이와도 같지요. 이 신문은 12개의 '단'으로 짜여 있네요. 여러분도 직접 세어 보세요.

어린이의 눈으로 보는 세상, 어린이 신문

〈소년한반도〉

여러분은 지금 구독*하고 있는 어린이 신문이 있나요? 어른들이 보는 신문이 아니라 어린이 독자를 위해 발행한 신문 말이에요. 그런 신문이 있냐고요? 그럼요! 아주 오래 전부터 있었답니다.

어린이를 위한 최초의 정기 간행물*은 신문이 아니라 잡지였어요. 1906년 11월 1일에 발행한 〈소년한반도〉였지요. 이 잡지는 새로운 교육과 문화를 전하고 국민을 계몽하는 것을 중요하게 여겨, 신소설과 사회학, 교육, 농업 등의 내용을 담았어요.

1908년 11월 1일에는 최남선이 어린이 잡지 〈소년〉을 창간했어요. 1913년에는 드디어 신문의 모습을 갖춘 어린이 신문인 〈붉은져고리〉가 등장했지요. 하지만 그 뒤로 한동안 어린이 신문은 발행되지 못했어요. 그러다가 1960년대에 〈소년조선일보〉, 〈소년한국일보〉, 〈소년동아일보〉 등의 어린이 신문이 창간되었지요. 그리고 오늘날에 이르기까지 어린이의 눈높이에 맞게 세상 이야기를 전해 왔어요.

〈소년〉
1908년 11월 1일에 창간한 잡지예요.

〈붉은져고리〉
1913년 1월 1일에 창간한 어린이 신문이에요.

어떻게 아는 게 그렇게 많니?

히히! 다 어린이 신문에서 읽은 건데······.

그 뒤 어린이 경제신문과 같은 어린이를 위한 전문지도 탄생했어요. 최근에는 이런 어린이 신문들을 인터넷에서도 볼 수 있답니다. 다양한 학습 자료도 얻을 수 있지요.

어릴 적부터 신문을 읽는 습관을 들이면 어른이 되어서도 사회와 세계에 대해 자연스럽게 관심을 가질

1964년 7월 15일에 창간한 〈소년동아일보〉(왼쪽)와
1960년 7월 17일에 창간한 〈소년한국일보〉(오른쪽)예요.

수 있어요. 그래서 요즘에는 신문 활용 교육(NIE ; Newspaper In Education)도 이루어지고 있지요. 그런 면에서 어린이 신문은 다양한 지식을 얻을 수 있는 매체일 뿐만 아니라 생각하는 힘을 길러 주는 좋은 교재랍니다.

*구독 : 신문이나 잡지를 사서 읽는 것을 말해요.
*정기 간행물 : 매일, 매주, 매월 등 정기적으로 발행되는 신문이나 잡지를 통틀어 일컫는 말이에요.

신문박물관에서 이루어지는 신문활용교육 프로그램에 참가한 어린이들이 만든 신문이에요. 신문 기사를 쓰고, 사진을 찍고, 편집하는 것까지 어린이들 스스로 했답니다.

한눈에 보는 신문 인쇄 과정

〈신문과 제작〉 전시 코너

그러면 신문은 어떻게 인쇄할까요? 〈신문과 제작〉 전시 코너에 전시된 기계들을 보세요. 신문을 인쇄하는 데 사용되어 온 기계들이에요. 처음에는 활판 위에 잉크를 바르고 종이를 얹어 직접 찍어 내는 활판 인쇄 방식을 썼어요. 활판은 기사 내용에 해당하는 활자를 한 자씩 맞추어 만든 판이랍니다.

활판 인쇄 기술은 1377년 고려 시대에 금속 활자로 인쇄하는 등 우리나라에서 최초로 발명되었어요. 하지만 신문을 만드는 데는 1609년 독일에서 처음 사용되어 독일이 우리나라보다 200여 년 앞섰지요.

 ## 활판 인쇄가 이루어지는 과정

1990년 이전까지 활판 인쇄 과정을 거쳐 신문을 인쇄했어요. 어떤 과정을 거쳤는지 살펴보아요.

활자 주조
납으로 활자를 만드는 일을 '주조'라고 해요. 납 활자를 만들기 위해서는 모형 글틀이 있어야 하는데 이것을 '본자모'라고 하지요. 납 활자는 여러 번 쓰면 닳기 때문에 깨끗하게 인쇄하기 위해 한 번만 사용했어요. 그리고 활자를 녹여서 다음 날 다시 만들지요.

문선과 조판
납 활자들을 크기와 순서대로 '문선대'라는 글자 상자에 차곡차곡 쌓아 놓아요. 그러면 '문선공'이 기사 내용을 보면서 글자를 하나씩 뽑아서 작은 상자에 글자 순서대로 맞춰 배열하지요. 문선공이 글자를 가지런히 배열하면 '조판공'은 신문의 한 면으로 만드는 조판 작업을 해요.

조판 완료판
신문 크기에 맞추어 완성한 대(大)조판에 잉크를 발라 시험 인쇄를 해요. 그렇게 찍어 낸 종이를 보며 잘못된 글자가 있는지 살펴요. 이 일은 '교열부'에서 하지요. 교정 작업을 거치고 나면 조판 완료판이 완성돼요.

우리나라 최초의 신문인 〈한성순보〉는 수동식 실린더 인쇄기로 제작했어요. 〈독립신문〉과 〈대한매일신보〉는 평활판 인쇄기로 제작했지요. 그런데 이 기계들은 수동식이다 보니 한꺼번에 아주 많은 양을 인쇄하지는 못했어요. 1912년에 매일신보에서 마리노니식 윤전기를 들여오면서 많은 양을 한꺼번에 인쇄할 수 있게 되었지요.

1990년대부터는 신문 제작의 모든 과정을 컴퓨터로 처리했어요. 납으로 활자를 미리 만들어 놓을 필요도 없고, 문선공이나 조판공이 하는 일도 컴퓨터가 대신하지요. 제작 시간도 훨씬 짧아져 시간당 43만 부 이상을 인쇄하고 있답니다.

활판 인쇄 방식을 썼던 때의 신문 편집 모습(위)과 오늘날의 신문 편집 모습(아래)이에요. 지금은 컴퓨터로 대부분의 작업이 이루어져요.

지형
조판 완료판은 평평하고 딱딱해서 인쇄 기계의 둥근 롤러에 올려 돌릴 수가 없어요. 그래서 '지형'이라는 것이 요하지요. 표면에 약품 처리를 한 두꺼운 종이를 조판 완료판 위에 올려놓고 압축기로 누르면 종이에 오목하게 내용이 새겨지는데 이 종이를 '지형'이라고 해요.

연판
글자가 새겨진 지형을 둥글게 말아서 틀에 끼워요. 그런 다음 섭씨 300도의 납물을 틀에 부으면 둥근 원통 모양이 만들어져요. 이 원통 모양을 인쇄하는 기계에 걸 수 있도록 반으로 자른 것이 연판이에요.

인쇄
연판을 윤전기에 걸어서 돌리면 서로 반대 방향으로 돌아가는 두 개의 실린더 사이로 종이가 통과하면서 인쇄가 돼요. 이것을 윤전 인쇄라고 해요. 인쇄 과정은 종이를 넣는 '급지', 인쇄 기계를 돌리는 '윤전', 종이를 자르는 '절지', 종이를 접는 '접지'로 나누어져요.

신난다! 신문 체험

지금까지 신문의 역사와 신문이 만들어지는 과정을 잘 보았나요?

이제 6층 전시장으로 올라가 봐요.

6층 전시장에서는 미디어 월에 상영되는 신문과 관련한 다채로운 영상을 볼 수

있고, 키오스크를 통해 신문 퀴즈와 신문 만화를 만나 볼 수 있어요.

무엇이든지 직접 체험해 봐야 더 잘 기억할 수 있어요.

자, 이제 신문 제작을 체험 할 수 있는 신 나는 현장으로 가 보아요.

신문과 놀며 배우며!

내 모습을 신문에 담아 봐!

어린이들이 신문에 실릴 사진을 찍으려고 블루 스크린 앞에 서 있어요.

〈신문 제작 체험〉 코너에서는 마치 취재 현장에서 직접 찍은 것처럼 사진을 합성하고 그에 알맞은 기사를 작성해 신문을 만들 수 있어요. 먼저 컴퓨터에서 사진에 들어갈 배경을 골라요. 그런 다음 블루 스크린 앞에서 모니터를 보며 포즈를 취해요. 사진을 찍고 난 뒤, 배경과 합성한 사진을 컴퓨터 화면에서 확인해요. 그 사진에 알맞은 기사를 간단히 적고 '프린트 하기' 버튼을 클릭하면 내 사진이 들어간 나만의 신문이 완성된답니다.

내 사진이 신문에 실렸다!

기사와 사진 등을 배치하여 만든 신문이에요.

신문 박사가 되어 봐!

5층 전시관을 관람하면서 신문에 대한 지식을 머릿속에 차곡차곡 잘 쌓았지요? 신문 퀴즈를 풀어 보며 실력을 직접 시험해 볼 수 있답니다. 낱말 맞추기, 빙고 게임과 같은 퀴즈를 단계별로 풀다 보면 신문에 관한 정보를 재미있게 익힐 수 있어요. 화면을 누르는 방식의 게임이라 친구와 함께 사이 좋게 풀어도 재미있을 거예요. 물론 이제까지 배운 내용도 복습할 수 있지요.

영상으로 신문을 알아 봐!

5층 〈영상실〉에서는 스크린을 통해 다큐멘터리 〈기자의 하루〉와 애니메이션 〈누리와 더지의 세상 돌보기〉, 〈쥬라기 신문〉을 상영해요. 영상물을 보면 신문이 만들어지는 과정을 쉽고 재미있게 이해할 수 있어요.

나와 함께 '쥬라기 신문'을 보러 가지 않을래?

'쥬라기 신문'의 주인공들이에요.

여기서 **잠깐!**

우리나라의 언론인들

6층 미디어 라운지를 둘러보다 보면 한국의 언론인들의 사진을 전시해 놓은 코너가 있어요. 박은식, 서재필, 남궁억, 주요한, 함석헌 등 우리나라 주요 언론인들의 활동 사항이 적혀 있으니 꼭 읽어 보세요.

미래의 신문을 상상해 봐!

지금까지 우리는 종이로 만들어진 신문만을 봤지요? 하지만 지금은 신문을 꼭 종이로만 볼 필요가 없어요. 인터넷으로도 신문을 볼 수 있으니까요. 그러면 앞으로 신문은 또 어떻게 변할까요?

오늘날 컴퓨터 기술은 신문 제작 방식에서 더 나아가 새로운 형태의 정보 전달 방식으로 발전해 가고 있어요. 이미 인터넷 신문뿐 아니라 휴대 전화를 통해 신문을 제공하거나 동영상 서비스도 제공하고 있지요.

더 먼 미래에는 기술이 더욱 발전하여 지금의 노트북보다 얇고 가벼운 화면이나, 손목시계처럼 차고 다니면서 어디에서든지 펼쳐 볼 수 있는 3차원 홀로그램이 개발될 것으로 보여요. 그러면 신문도 종이가 아닌 새로운 형태가 나타날지 몰라요. 언제 어디서나 지금 눈앞에서 보는 것처럼 생생하고 현장감 넘치는 소식을 화면으로 볼 수 있는 신기한 신문 말이에요.

> **홀로그램**
> 레이저 광선을 이용하여 입체 형태로 물체를 나타내는 기술이에요.

이제는 손목시계로도 신문을 읽을 수 있게 되었어.

신문의 다양한 형태 예전의 신문은 종이 형태로만 발행되었어요. 하지만 요즘에는 컴퓨터, 스마트폰 등 다양한 기기를 통해 신문을 접해요.

언론인 최고의 영예, 퓰리처상

미국에서는 기자라면 누구나 최고의 언론인에게 주는 퓰리처상을 꿈꿔요. 퓰리처상은 미국의 언론인 조셉 퓰리처를 기념하여 만든 상이랍니다.

헝가리 출신의 가난한 이주민*이었던 퓰리처는 어렵고 힘들게 일하면서 독학*으로 영어를 공부해 변호사, 미국 의회의원, 기자 등 세 개의 직업을 가졌어요. 그리고 마침내 수백만 달러의 재산가가 되어 미국의 '세인트루이스 포스트-디스패치'와 '뉴욕월드'라는 신문사를 갖게 되었지요. 하지만 얼마 뒤 퓰리처는 시력을 잃었어요. 그럼에도 불구하고 죽기 전까지 왕성한 언론 활동을 펼치며 미국 언론계에 큰 발자취를 남겼답니다.

퓰리처가 죽은 뒤 그가 남긴 유산 50만 달러를 기금*으로 삼아 1917년에 퓰리처상을 만들었어요. 퓰리처상은 매년 4월에 뉴스와 보도 사진 등 14개 언론 분야와, 시·소설 등 5개의 문학 분야, 드라마와 음악 각각 1개 분야에서 수상자를 뽑아 발표해요. 퓰리처상은 '언론인의 노벨상'이라 할 정도로 권위가 있으며 세계적으로도 큰 영향력을 발휘하고 있답니다.

*이주민 : 태어난 곳이 아니라 다른 곳으로 옮겨 가서 사는 사람을 말해요.
*독학 : 학교에 다니거나 다른 사람의 가르침을 받지 않고 혼자서 공부하는 것을 말해요.
*기금 : 어떤 사업이나 행사에 쓸 기본적인 돈이에요.

신문의 날이 있다고?

우리나라 신문의 날은 4월 7일이에요. 1957년 4월 7일에 최초의 한글 신문인 〈독립신문〉의 창간 61주년을 기념하여 제정되었지요. 신문의 날을 전후한 일주일을 신문 주간으로 삼아 이 기간에 언론 자유의 중요성과 신문의 역할을 되새기는 다채로운 행사가 열려요. 신문 주간에는 신문박물관 입장도 무료랍니다.

우리의 눈과 귀가 되어 주는 신문

지금까지 세계 여러 나라의 신문을 둘러보고, 우리나라 신문의 역사를 살펴보았어요. 신문이 어떻게 만들어지는지 알아보고, 신문 만드는 과정도 직접 체험해 보았지요. 이렇게 신문에 대해 살펴보고 나니 어른들이나 보는 것인 줄 알았던 신문이 훨씬 가깝게 느껴지지요?

그러면, 신문이 우리 사회에서 어떤 역할을 하는지 다시 한 번 정리해 보아요.

먼저 신문은 독자들에게 정보를 전달하는 역할을 해요. 신문에는 수많은 정보가 들어 있어요. 어젯밤에 무슨 사고가 일어났는지, 오늘 날씨는 어떤지, 어떤 제품이 새로 나왔는지 등을 알 수 있지요. 신문을 통해 세계 여러 나라에서 일어난 소식도 생생하게 만날 수 있어요.

신문은 어떤 사실에 대해 의견을 내거나 제안을 하여 사람들의 생각을 한 곳으로 모으는 역할도 해요. 그렇게 모아진 의견을 '여론'이라고 하지요. 이런 점에서 보면 신문은 단순히 어떤 일이 있었는지 알려 주는 수준을 넘어 세상을 바라보는 눈도 갖게 해 줘요. 이런 측면 때문에 신문을 우리의 '눈과 귀'라고 하지요.

　신문은 만화나 소설처럼 흥미로운 읽을거리와 날카로운 풍자로 독자들에게 즐거움을 주기도 해요. 또한 하루하루를 상세히 기록함으로써 한 시대의 역사를 보여 주기도 하지요. 이런 측면에서 신문은 '사회를 담는 그릇'이라고 할 수 있어요.

　이처럼 신문은 오랫동안 사람들에게 매우 중요한 매체가 되어 왔어요. 하지만 때로는 독자들에게 소식을 전하는 과정에서 많은 시련을 겪기도 했지요. 일제 강점기에는 강제로 나라를 빼앗은 일본에게, 독재 정권 때에는 억지로 권력을 유지하려던 정부에게 많은 탄압을 받았어요. 기사가 삭제되고, 신문이 폐간당하고, 많은 언론인이 감옥에 갇혔지요. 하지만 불의에 저항하며 끝까지 바른 말을 하고자 했던 언론인들과, 그들을 격려했던 수많은 독자의 노력으로 오늘날에도 신문이 제 역할을 다할 수 있는 것이랍니다.

　이렇게 신문이 제 역할을 다하기 위해서는 진실을 전하고 지키려는 노력이 있어야 해요. 그리고 이러한 활동을 자유롭게 펼칠 수 있도록 언론의 자유를 보장하는 것도 매우 중요하답니다.

나는 신문박물관 박사!

신문박물관 체험, 모두 즐거웠나요? 이제 신문에 대해 척척박사가 되었지요.
자, 그러면 신문에 대해 얼마나 잘 알고 있는지 문제를 풀어 보아요!

❶ 신문의 명칭을 적어 보세요.

다음은 신문의 1면이에요. 각각의 설명을 보고, 알맞은 명칭을 적어 보세요.

①(　　　)
신문이 몇 번째 발행되었는
지를 나타내는 숫자예요.

②(　　　)
신문에는 상품 소개 말고
이것도 실어요.

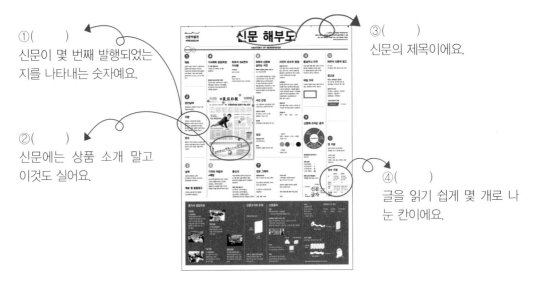

③(　　　)
신문의 제목이에요.

④(　　　)
글을 읽기 쉽게 몇 개로 나
눈 칸이에요.

❷ 취재 기자의 하루를 알아맞혀 보세요.

다음은 신문 기자가 하루 동안 기사를 취재하고 작성하는 과정을 나열한 것이에요.
그림을 보고 순서대로 번호를 적어 보세요.

①
기사 수정 및 지면 배치

②
기사 마감

③
최종 확인

④
편집 회의

⑤
다음 날

⑥
취재

(　　➡　　　➡　　　➡　　　➡　　　➡　　)

❸ 아래 문제를 잘 읽고 보기에서 알맞은 답을 골라 쓰세요.

보기	언론 통폐합, 한성순보, 호외, 전서구, 독립신문

1. 우리나라 최초의 근대 신문은 무엇인가요? (   )

2. 우리나라 최초의 한글 신문은 무엇인가요? (   )

3. 1980년 11월 14일 전두환 정권이 단행한 조치로, 방송과 신문 등 언론 매체를 강제로 합치거나 없앤 일을 무엇이라고 하나요? (   )

4. 갑자기 일어난 중요한 사건을 빠르게 알리기 위해 신문사에서 임시로 발행하는 신문을 무엇이라고 하나요? (   )

5. 송수신 기계가 없었던 옛날에는 비둘기 등의 다리에 기사와 사진 필름을 묶어 신문사로 날려 보냈어요. 이 비둘기를 뭐라고 부르나요? (   )

❹ 인쇄 과정을 알아맞혀요.

다음은 활판 인쇄 제작 과정을 나열한 것이에요. 그림을 보고 순서대로 번호를 적어 보세요.

①

인쇄

②

지형

③

문선과 조판

④

활자 주조

⑤

조판 완료판

⑥

연판

(➡   ➡   ➡   ➡   ➡   )

⑤ 신문에는 기사만 있는 게 아니에요.

여러 가지 정보를 알려 주는 광고도 실려 있어요. 신문에 실을 '나'를 광고하는
광고문을 만들어 보세요. 사진을 찍어 붙이거나, 그림을 그려 넣어서 나의 특징을
잘 표현해 보세요. 그리고 '나'를 설명하는 멋진 문구도 작성해 보세요.

❻ 십자말풀이를 해 보세요.

	1			2	
1					
		3		4	5
	3				
4					
					6
				5	

〈가로 열쇠〉

1. 한 컷으로 사건이나 상황을 날카롭게 묘사한 그림이에요.

2. 신문이 몇 번째 발행된 것인지를 나타내는 숫자예요.

3. 1936년 〈동아일보〉가 손기정 선수의 가슴에 있는 일장기를 지운 사진을 신문에 실어 정간된 사건이에요. 〈○○○○○ 사건〉

4. 미국에서 만들어진 상으로 언론인에게 수여해요. '언론인의 노벨상'이지요.

5. 얼마 동안 신문이 나오지 못하게 하는 발행 정지를 말해요.

〈세로 열쇠〉

1. 뉴스를 수집해서 신문사나 방송사에 제공하는 기관이에요.

2. 활판 인쇄를 할 때 완성된 조판 위에 대고 활자의 모양을 새기는 두꺼운 종이예요.

3. 인물의 특징을 간략하게 나타낸 그림이에요.

4. 신문사에서 사건을 취재하고 기사를 작성하는 사람이에요.

5. 1908년 11월 1일에 최남선이 창간한 어린이 잡지예요.

6. 신문이나 잡지를 처음 발행하는 것을 말해요.

정답은 56쪽에

내가 만드는 체험학습 신문

자, 이제 신문박물관에 관한 체험학습 신문을 만들어 봐요.
박물관을 관람하면서 취재를 하고 사진 촬영을 한 뒤 집에 돌아와 기사를
써서 편집을 해 보아요. 아주 독특한 체험학습 보고서가 될 거예요!

 ## 체험학습 신문 만드는 과정

취재를 하기 전에 신문을 어떤 기사들로 채울지 기획해 보세요.

먼저 어떤 기사를 쓸지 정한 다음 취재를 해요. 기사는 다양한 소식을 알려 주는 보도 기사와, 특별한 인물과 인터뷰한 인터뷰 기사, 특별한 사건에 대해 집중적으로 다루는 특집 기사, 시사 문제에 대해 신문사나 필자가 주장을 펼치는 논설 등이 있어요. 어떤 형태로 기사를 쓸지 미리 생각해 두고 취재를 해야겠죠?
취재할 때는 현장에 있는 사람들이나 전문가의 의견을 물어 그것을 바탕으로 기사를 쓰는 것이 더 생생하고 객관적으로 보여요. 사진을 촬영할 때는 주제를 잘 표현할 수 있는 장면을 찍되 가까운 곳에서 찍고, 필요 없는 부분은 넣지 않는 것이 좋아요.

기사쓰기

취재한 내용을 바탕으로 기사를 써요. 보도 기사는 '육하원칙'에 맞게 써야 해요. '육하원칙'이란 누가, 언제, 어디서, 무엇을, 어떻게, 왜 등 여섯 가지 내용을 꼭 밝혀서 써야 한다는 거예요. 이렇게 써야 독자들이 소식을 정확하게 이해할 수 있어요. 기사는 제일 먼저 이 육하원칙을 밝혀 쓰고, 다음에 그에 대한 자세한 내용이나 보충 내용을 써요.
기사를 작성한 뒤에는 제목을 정해요. 제목은 기사의 내용을 가장 잘 드러내고 무엇보다 독자의 눈길을 끌 수 있는 것이 좋아요.

편집하기

마지막으로 기사와 사진을 읽기 쉽고 보기 좋게 배열하는 편집 과정이에요. 먼저 몇 단으로 구성할지 정해요. 그러고 나서 기사를 중요한 순서대로 정리해요. 가장 중요한 기사는 왼쪽 윗부분에 배치하고, 제목의 글자와 사진도 가장 크게 실어요. 사진에 제목과 간략한 설명을 쓰는 것도 잊지 마세요.

완성된 신문

아래 신문을 참고하여 나만의 체험학습 신문을 만들어 보세요.

체험학습 신문

유진신문사   2019년 7월 7일 제1호

신문에 관한 모든 것을 만나요

"내가 신문에 넣어요!" 신문박물관을 방문한 어린이들이 자신의 사진이
들어간 신문을 들고 활짝 웃고 있다.

12월 24일 방학을 맞은 신문 초등학교 5학년 1반 어린이들이 신문박물관을 방문해 살아 있는 신문의 역사를 체험했다. 서울 세종로 동아미디어센터에 위치한 신문박물관은 지난 100여 년 동안의 신문 역사에 관한 전시물을 상설 전시하며 관람객들이 직접 신문을 만들어 볼 수 있도록 체험의 기회도 주고 있다.

이날 박물관을 관람한 어린이들은 우리나라 최초의 신문은 물론 신문에 실린 만화, 소설, 사진, 광고 등을 살펴보고 옛날 신문과 오늘날의 신문을 비교해 보았다. 이 중 어린이들의 가장 큰 관심을 끈 것은 신문을 직접 만들어 보는 체험활동이었다. 어린이들은 자신의 사진과 기사가 들어간 신문을 만들며 즐거운 한때를 보냈다.

백유진 기자

세계의 신문 코너, 외교관 노릇 톡톡

국내에서 가장 많은 세계의 신문이 모여 있는 〈세계의 신문〉 코너는 박물관의 가장 큰 자랑거리다.

2000년 1월 1일자 신문으로 꾸며진 이 코너는 박물관의 첫 관람 코스로 80여 개국에서 발행한 100여 종의 신문이 전시돼 관람객들의 발길이 끊이지 않고 있다.

관계자의 말에 따르면 "세계의 신문을 수집하는 데 상당한 시간과 노력이 들었으며, 지금은 더 나은 관람을 위해 보존에 힘쓰고 있다"고 한다. 이 중 화제를 모으고 있는 신문은 카자흐스탄의 〈고려일보〉. 국내에서 발행한 신문이 아님에도 불구하고 한국어로 표기되어 있어 관람객들의 많은 궁금증을 불러일으키고 있다. 또한 신문박물관을 찾은 외국인 관람객들은 자신의 나라 신문을 찾아보며 큰 호기심을 보였다.

서승아 기자

잠깐! 박물관 에티켓

신문박물관의 관람 시간
은 오전 10시부터 오후 6시까지이며 관람 종료 30분 전까지 입장해야 한다.

사진 촬영 금지
전시물의 훼손을 막기 위해 사진이나 비디오 촬영을 할 수 없다.

박물관 기본 예절 지켜야
뛰거나 장난하는 등 다른 관람객에게 피해를 주는 행동을 해서는 안 된다. 또한 전시물을 만지거나 가져가는 것도 관람 예절에 어긋남을 잊지 말자.

관람 어린이 100명에게 질문
신문 만화의 인기가 가장 높아

신문박물관에서 가장 인기 있는 전시관은 무엇일까? 바로 〈신문 만화〉 코너였다. 박물관을 관람한 어린이 100명에게 "어떤 전시가 가장 기억에 남는가?"라는 질문을 했다. 그 중 가장 많은 45명이 신문 만화를 꼽았다. 그 이유로 "재미있는 만화의 역사를 알 수 있었다"는 대답이 가장 많았다. 두 번째는 신문과 기자 코너로, "힘들게 취재하는 기자들의 모습에 고마움을 느꼈다"고.

기타 "가슴에 일장기가 지워져 있는 손기정 선수의 사진을 보고 마음이 아팠다"는 의견도 있었다.

전시물을 보며 이야기를 나누고 있는 어린이들

미니 인터뷰
"내 꿈은 신문 기자, 선배들 노력에 가슴 뿌듯"

관람객 중 조유빈 어린이는 "신문 역사관에서 신문 기사를 삭제하고 언론인을 감옥에 가두는 일이 있었다는 설명을 듣고 깜짝 놀랐다"고. 꿈이 기자라는 이 어린이는 "기자가 된다면 언론의 자유를 지키기 위해 노력한 선배들의 뒤를 이어 진실을 전하는 데 최선을 다하겠다"고 밝혔다.

고준하 기자

나를 찾아보세요!

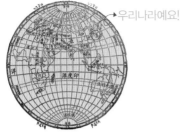

→ 우리나라예요!

여기서 잠깐!

나는 신문박물관 박사!

❶ 신문의 명칭을 적어 보세요.

다음은 신문의 1면이에요. 각각의 설명을 보고, 알맞은 명칭을 적어 보세요.

①(지령)
신문이 몇 번째 발행되었는지를 나타내는 숫자예요.

②(광고)
신문에는 상품 소개 말고 이것도 실어요.

③(제호)
신문의 제목이에요.

④(단수)
글을 읽기 쉽게 몇 개로 나눈 칸이에요.

❷ 취재 기자의 하루를 알아맞혀 보세요.

다음은 신문 기자가 하루 동안 기사를 취재하고 작성하는 과정을 나열한 것이에요. 그림을 보고 순서대로 번호를 적어 보세요.

① 기사 수정 및 지면 배치   ② 기사 마감   ③ 최종 확인
④ 편집 회의   ⑤ 다음 날   ⑥ 취재

(⑥ ➡ ④ ➡ ② ➡ ① ➡ ③ ➡ ⑤)

❸ 아래 문제를 잘 읽고 보기에서 알맞은 답을 골라 쓰세요.

> 보기 언론 통폐합, 한성순보, 호외, 전서구, 독립신문

1. 우리나라 최초의 근대 신문은 무엇인가요? (한성순보)

2. 우리나라 최초의 한글 신문은 무엇인가요? (독립신문)

3. 1980년 11월 14일 전두환 정권이 단행한 조치로, 방송과 신문 등 언론 매체를 강제로 합치거나 없앤 일을 무엇이라고 하나요? (언론통폐합)

4. 갑자기 일어난 중요한 사건을 빠르게 알리기 위해 신문사에서 임시로 발행하는 신문을 무엇이라고 하나요? (호외)

5. 송수신 기계가 없었던 옛날에는 비둘기 등의 다리에 기사와 사진 필름을 묶어 신문사로 날려 보냈어요. 이 비둘기를 뭐라고 부르나요? (전서구)

❹ 인쇄 과정을 알아맞혀요.

다음은 활판 인쇄 제작 과정을 나열한 것이에요. 그림을 보고 순서대로 번호를 적어 보세요.

① 인쇄   ② 지형   ③ 문선과 조판
④ 활자 주조   ⑤ 조판 완료판   ⑥ 연판

(④ ➡ ③ ➡ ⑤ ➡ ② ➡ ⑥ ➡ ①)

❻ 십자말풀이를 해 보세요.

	¹통			²지	령
	신			형	
¹시	사	만	평		
		³일	장	⁴기	말	⁵소
	³캐			자		년
⁴풀	리	처	상			
	커					⁶창
	처			⁵정	간	

몇 개나 맞혔나요? 모르는 문제는 책을 찾아 보세요.

사진 및 그림

신문박물관 3p(신문박물관 전경), 6p(세계의 신문 전시관 전경), 8p(미국 〈뉴욕 타임즈〉), 8p(콜롬비아 〈엘띠엠포〉), 8p(페루 〈엘꼬메르시오〉), 8p(멕시코 〈엑셀시오르〉), 8p(브라질 〈오글로브〉), 9p(케냐 〈데일리 네이션〉), 9p(남아프리카공화국 〈선데이 타임즈〉), 9p(나이지리아 〈더가디언〉), 10p(스페인 〈엘빠이스〉), 10p(벨기에 〈르소아〉), 10p(프랑스 〈르몽드〉), 10p(이탈리아 〈라레뿌쁠리카〉), 10p(영국 〈더타임즈〉), 11p(러시아 〈이즈베스티야〉), 11p(카자흐스탄 〈고려일보〉), 11p(핀란드 〈헬싱킨 사노매트〉), 11p(덴마크 〈윌란드포스텐〉), 11p(체코 〈쁘라보〉), 11p(〈렐라치오〉를 판매하는 소년 그림), 12p(네팔 〈더카트만두 포스트〉), 12p(중국 〈인민일보〉), 12p(일본 〈마이니치〉), 12p(베트남 〈난단〉), 12p(인도 〈더타임즈 오브 인디아〉), 12p(한국 〈동아일보〉), 13p(오스트레일리아 〈위크엔드 오스트레일리안〉), 12p(스리랑카 신문), 14p(신문의 역사), 16p(한성순보), 16p(세계 전도), 16p(매일신문), 17p(한글 교본), 17p(손기정 선수 사진), 18p(신문 제호들), 19p(〈고바우영감〉 만화), 19p(자유신문 제호), 20p(언론 자유 수호 선언문), 21p(다양한 지면의 신문들), 21p(동아일보 광고), 22p(신문 1면 전시 코너), 22p(문화일보 1면), 22p(동아일보 1면), 23p(한성순보 1면), 23p(독립신문 1면), 23p(동아일보 1면 머리기사 '인간 달에 섰다'), 23p(섹션 신문 1면), 24p(취재 물품), 26p(호외 전시 코너), 26p(KBS 이산가족찾기 명단 호외), 26p(김대중 전 대통령 사망 호외), 26p(모스전신기), 26p(텔레타이프), 27p(박정희 대통령 서거 호외), 27p(사진 송수신기), 27p(컴퓨터), 28p(검열 교정지), 28p(기사 삭제한 신문), 28p(동아일보 광고란), 30p(신문과 문화 전시 코너), 30p(독립신문 제호), 30p(세로짜기 신문), 30p(가로짜기 신문), 31p(세창양행 광고), 31p(구명환 광고), 31p(원기소 광고), 31p(라이온 치약 광고), 32p(조화 한 송이), 32p(형제), 32p(주마3호 작전), 32p(기적의 소녀), 33p(그리스도 신문), 33p(전화 부스 안에서 자는 아이들), 33p(최루탄을 쏘지 마라), 33p(오마니), 33p(학우여), 33p(마라톤 금메달), 34p(임꺽정전), 34p(삼국지), 34p(아리랑), 34p(흙), 34p(상록수), 35p(김구 캐리커처), 35p(고바우영감 캐릭터), 35p(이도영의 시사만평(대한민보)), 35p(신문만화 전시 코너), 36~37p(신문 해부도), 38p(소년), 38p(붉은저고리), 39p(소년동아일보), 39p(소년한국일보), 39p(신문활용교육 프로그램에서 어린이들이 만든 신문들), 40p(신문의 제작 전시 코너), 41p(활판 인쇄 방식을 사용한 신문 편집), 41p(컴퓨터를 사용한 신문 편집), 42p(미디어 라운지 전경), 44~45p(신문 제작 체험), 45p(블루 스크린 앞에 서 있는 아이들), 45p(기자의 하루), 45p(쥬라기 신문), 45p(우리나라의 언론인들), 46p(신문의 다양한 형태)

연세대학교 중앙도서관 38p(소년한반도)

연합포토 27p(인공위성)

초등학교 교과서와 관련된 학년별 현장 체험학습 추천 장소

1학년 1학기 (21곳)	1학년 2학기 (18곳)	2학년 1학기 (21곳)	2학년 2학기 (25곳)	3학년 1학기 (31곳)	3학년 2학기 (37곳)
철도박물관	농촌 체험	소방서와 경찰서	소방서와 경찰서	경희대자연사박물관	IT월드(과천정보나라)
소방서와 경찰서	광릉	서울대공원 동물원	서울대공원 동물원	광릉수목원	강원도
시민안전체험관	홍릉 산림과학관	농촌 체험	강릉단오제	국립민속박물관	경희대자연사박물관
천마산	소방서와 경찰서	천마산	천마산	국립서울과학관	광릉수목원
서울대공원 동물원	월드컵공원	남산골 한옥마을	월드컵공원	국립중앙박물관	국립경주박물관
농촌 체험	시민안전체험관	한국민속촌	남산골 한옥마을	기상청	국립고궁박물관
코엑스 아쿠아리움	서울대공원 동물원	국립서울과학관	한국민속촌	서대문자연사박물관	국립국악박물관
선유도공원	우포늪	서울숲	농촌 체험	선유도공원	국립부여박물관
양재천	철새	갯벌	서울숲	시장 체험	국립서울과학관
한강	코엑스 아쿠아리움	양재천	양재천	신문박물관	남산
에버랜드	짚풀생활사박물관	동굴	선유도공원	경상북도	남산골 한옥마을
서울숲	국악박물관	고성 공룡박물관	불국사와 석굴암	양재천	롯데월드 민속박물관
갯벌	천문대	코엑스 아쿠아리움	국립중앙박물관	경기도	국립민속박물관
고성 공룡박물관	자연생태박물관	옹기민속박물관	국립민속박물관	이화여대자연사박물관	삼성어린이박물관
서대문자연사박물관	세종문화회관	기상청	전쟁기념관	전쟁기념관	서대문자연사박물관
옹기민속박물관	예술의 전당	시장 체험	판소리	천마산	선유도공원
어린이 교통공원	어린이대공원	에버랜드	DMZ	한강	소방서와 경찰서
어린이 도서관	서울놀이마당	경복궁	시장 체험	화폐금융박물관	시민안전체험관
서울대공원		강릉단오제	광릉	호림박물관	경상북도
남산자연공원		몽촌역사관	홍릉 산림과학관	홍릉 산림과학관	월드컵공원
삼성어린이박물관		국립현대미술관	국립현충원	우포늪	육군사관학교
			국립4·19묘지	소나무 극장	해군사관학교
			지구촌민속박물관	예지원	공군사관학교
			우정박물관	자운서원	철도박물관
			한국통신박물관	서울타워	이화여대자연사박물관
				국립중앙과학관	제주도
				엑스포과학공원	천마산
				올림픽공원	천문대
				전라남도	태백석탄박물관
				경상남도	판소리박물관
				허준박물관	한국민속촌
					임진각
					오두산 통일전망대
					한국천문연구원
					종이미술박물관
					짚풀생활사박물관
					토탈야외미술관

4학년 1학기 (34곳)	4학년 2학기 (56곳)	5학년 1학기 (35곳)	5학년 2학기 (51곳)	6학년 1학기 (36곳)	6학년 2학기 (39곳)
강화도	IT월드(과천정보나라)	갯벌	IT월드(과천정보나라)	경기도박물관	IT월드(과천정보나라)
갯벌	강화도	광릉수목원	강원도	경복궁	KBS 방송국
경희대자연사박물관	경기도박물관	국립민속박물관	경기도박물관	덕수궁과 정동	경기도박물관
광릉수목원	경복궁 / 경상북도	국립중앙박물관	경복궁	경상북도	경복궁
국립서울과학관	경주역사유적지구	기상청	덕수궁과 정동	고성 공룡박물관	경희대자연사박물관
기상청	경희대자연사박물관	남산골 한옥마을	경상북도	국립민속박물관	광릉수목원
농촌 체험	고창, 화순, 강화 고인돌유적	농업박물관	경희대자연사박물관	국립서울과학관	국립민속박물관
서대문자연사박물관	전라북도	농촌 체험	고인쇄박물관	국립중앙박물관	국립중앙박물관
서대문형무소역사관	고성 공룡박물관	서울국립과학관	충청도	농업박물관	국회의사당
서울역사박물관	충청도	서울대공원 동물원	광릉수목원	롯데월드 민속박물관	기상청
소방서와 경찰서	국립경주박물관	서울숲	국립공주박물관	몽촌토성과 풍납토성	남산
수원화성	국립민속박물관	서울시청	국립경주박물관	민주화현장	남산골 한옥마을
시장 체험	국립부여박물관	서울역사박물관	국립고궁박물관	백범기념관	대법원
경상북도	국립서울과학관	시민안전체험관	국립민속박물관	서대문자연사박물관	대학로
양재천	국립중앙박물관	경상북도	국립서울과학관	서대문형무소 역사관	민주화 현장
옹기민속박물관	국립국악박물관 / 남산	양재천	국립중앙박물관	서울역사박물관	백범기념관
월드컵공원	남산골 한옥마을	강원도	남산골 한옥마을	조선의 왕릉	아인스월드
철도박물관	농업박물관 / 대법원	월드컵공원	농업박물관	성균관	서대문자연사박물관
이화여대자연사박물관	대학로	유명산	롯데월드 민속박물관	시민안전체험관	국립서울과학관
천마산	롯데월드 민속박물관	제주도	충청도	경상북도	서울숲
천문대	몽촌토성과 풍납토성	짚풀생활사박물관	서대문자연사박물관	암사동 선사주거지	신문박물관
철새	불국사와 석굴암	천마산	성균관	운현궁과 인사동	양재천
홍릉 산림과학관	서대문자연사박물관	한강	세종대왕기념관	전쟁기념관	월드컵공원
화폐금융박물관	서울대공원 동물원	한국민속촌	수원화성	천문대	육군사관학교
선유도공원	서울숲	호림박물관	시민안전체험관	철새	이화여대자연사박물관
독립공원	서울역사박물관	홍릉 산림과학관	시장 체험 / 신문박물관	청계천	중남미박물관
탑골공원	조선의 왕릉	하회마을	경기도	짚풀생활사박물관	짚풀생활사박물관
신문박물관	세종대왕기념관	대법원	강원도	태백석탄박물관	창덕궁
서울시의회	수원화성	김치박물관	경상북도	해인사 고려대장경과 장경판전	천문대
선거관리위원회	승정원 일기 / 양재천	난지하수처리사업소	옹기민속박물관	호림박물관	우포늪
소양댐	옹기민속박물관	농촌, 어촌, 산촌 마을	운현궁과 인사동	유니세프 한국위원회	판소리박물관
서남하수처리사업소	월드컵공원	들꽃수목원	육군사관학교	무령왕릉	한강
중랑구재활용센터	육군사관학교	정보나라	이화여대자연사박물관	현충사	홍릉 산림과학관
중랑하수처리사업소	철도박물관	드림랜드	전라북도	덕포진교육박물관	화폐금융박물관
	이화여대자연사박물관	국립극장	전쟁박물관	서울대학교 의학박물관	훈민정음
	조선왕조실록 / 종묘		창경궁 / 천마산	상수허브랜드	상수도연구소
	종묘제례		천문대		한국자원공사
	창경궁 / 창덕궁		태백석탄박물관		동대문소방서
	천문대 / 청계천		한강		중앙119구조대
	태백석탄박물관		한국민속촌		
	판소리 / 한강		해인사 고려대장경과 장경판전		
	한국민속촌		화폐금융박물관		
	해인사 고려대장경과 장경판전		중남미문화원		
	호림박물관		첨성대		
	화폐금융박물관		절두산순교성지		
	훈민정음		천도교 중앙대교당		
	온양민속박물관		한국에너지기술연구원		
	아인스월드		한국자수박물관		
			초전섬유퀼트박물관		

숙제를 돕는 사진

〈ㅁ일신문〉(왼쪽)과 〈독립신문〉(오른쪽)

〈한성순보〉

〈소년〉

〈대한민보〉의 시사만평

〈조선일보〉의 소설 삽화

〈붉은저고리〉

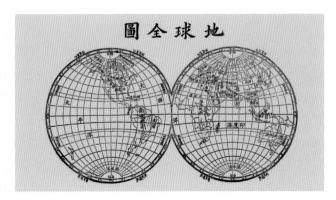

세계 전도(〈한성순보〉 창간호)

1937년 어린이 영양제 광고(위)
1960년대 영양제 광고(아래)

숙제를 돕는 사진

호외

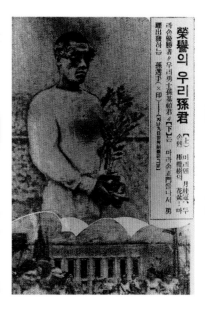

일장기 말소 사건

기자 출입증

기자 수첩

모스 전신기

카메라

보도 완장

텔레타이프   사진 송수신기